Ursula von der Leyen (Hg.)

Füreinander da sein, miteinander handeln

HERDER spektrum

Band 5874

Das Buch

Nur die Familie kann den Zusammenhalt der Gesellschaft leisten. Sagen die einen und verlangen die Rückkehr der Frauen aus der Arbeitswelt. Die anderen bemerken: Das würde den realen Familienverhältnissen in keiner Weise gerecht. Ursula von der Leyen wehrt sich gegen falsche Alternativen. Mit ihrer ganzen Person steht sie für den Wert der Familie. Aber auch für bürgergesellschaftliche Perspektiven eines anderen Miteinanders. Dies ist umso notwendiger, als unsere Gesellschaft immer älter wird. Jüngere und ältere Menschen müssen zu einem neuen Miteinander finden. Kompetente Autorinnen und Autoren informieren darüber, wie das Verhältnis zwischen den Generationen tatsächlich aussieht und welche Perspektiven sich für die Zukunft eröffnen. Hier wird eine politische und gesellschaftliche Vision konkret: für ein wirkliches Miteinander der Generationen.

Die Herausgeberin

Ursula von der Leyen, Dr. med., geboren 1958, ist Bundesministerin für Familie, Senioren, Frauen und Jugend. Sie ist Mutter von sieben Kindern. 2006 rief sie das Aktionsprogramm der „Mehrgenerationenhäuser" ins Leben.

Ursula von der Leyen (Hg.)

Füreinander da sein, miteinander handeln

Warum die Generationen sich gegenseitig brauchen

HERDER

FREIBURG · BASEL · WIEN

Originalausgabe

www.herder.de

Umschlaggestaltung und Konzeption:
R·M·E München / Roland Eschlbeck, Liana Tuchel
Umschlagmotiv: © Bundesministerium
für Familie, Senioren, Frauen und Jugend

Herstellung: fgb · freiburger graphische betriebe
www.fgb.de

Gedruckt auf umweltfreundlichem,
chlorfrei gebleichtem Papier
Printed in Germany

ISBN 978-3-451-05874-5

Inhalt

Ursula von der Leyen

Warum die Generationen einander brauchen

Der demografische Wandel macht ein neues Miteinander der Generationen nötig

Warum die Generationen einander brauchen – eine Antwort auf diese Frage versteht sich heutzutage nicht mehr von selbst. Der Trend zur Kleinfamilie, die Sozialversicherungen, die räumliche Trennung von Familie und Arbeitsplatz – all das hat Abhängigkeiten zwischen den Generationen innerhalb der Familie gelockert, und zwar schon seit mehr als 100 Jahren. In unserer Gesellschaft soll jede und jeder, unabhängig von der familiären Herkunft, die gleichen Chancen haben. Die Ressourcen der Familie, die einst ganz wesentlich über Lebenschancen entschieden haben, werden damit zwar nicht unerheblich, treten aber in den Hintergrund und sind dort weniger sichtbar – ebenso wie die Tatsache, dass die Sozialversicherungen weiterhin auf einen ungeschriebenen „Generationenpakt" angewiesen sind, um zu funktionieren.

Gerade dieser Pakt aber scheint heute brüchig zu werden. Pessimistische Bilder von Lasten, Zerfall und Konkurrenz zwischen den Generationen prägen Beiträge in Zeitungen und Zeitschriften und bestimmen auch politische Debatten. Schlagworte wie „Krieg der Generationen", „Entsolidarisierung unserer Gesellschaft" und „Deutschland vergreist" verbinden die zunehmende Bedeutung des Einzelnen mit der Bevölkerungsentwicklung zu einem vermeintlich explosiven Gemisch. Wer einen solchen „Krieg der Generationen“ beschwört, zementiert aber nicht nur ein bedrohliches und gleichzeitig ängstliches Bild vom Alter; er verstellt auch unseren Blick auf die Chancen, die eine längere gemeinsame Lebensspanne mehrerer Generationen mit sich bringt.

Es ist richtig: Wir leben in einer Gesellschaft mit immer mehr älteren Menschen. Sind heute noch knapp 20 Prozent der Bevölkerung im Rentenalter, wird 2030 schon jeder dritte Mensch in Deutschland über 65 Jahre alt sein. Das liegt daran, dass weniger Kinder geboren werden, aber auch daran, dass die Lebenserwartung steigt. Der demografische Wandel steht uns nicht bevor – wir stecken mittendrin. Mit dieser Entwicklung verändern sich nicht nur die Altersstrukturen in Deutschland: Unsere gesamten Lebensverhältnisse sind davon betroffen. Das merken wir auch in unseren Familien. Die traditionelle Großfamilie, wie wir sie vielleicht noch aus den Erzählungen unserer Großeltern kennen, ist aus unserer Gesellschaft fast vollständig verschwunden. Dafür erleben immer mehr Kinder nicht nur die Großeltern, sondern auch manche Uroma, manchen Uropa – oft noch rüstig und bei klarem Verstand. Neben die Vereinbarkeit von Familie und Beruf, für viele Frauen und Männer die große Herausforderung der Familiengründungsphase, tritt in späteren Jahren das Nebeneinander von Beruf und Pflege – eine Aufgabe, die in hohem, in zu hohem Maße auf den Schultern der Frauen, der Töchter liegt. Wir beginnen gerade erst zu begreifen, was es bedeutet, wenn auf 100 Erwachsene nur noch 63 Kinder und 39 Enkel folgen: für unseren Sozialstaat, für zwischenmenschliche Beziehungen, für unsere Wirtschaft und das Wohnen in unseren Städten. Wenn wir uns heute fragen, wie wir in Zukunft leben wollen, müssen wir uns fragen, wie wir das Miteinander der Generationen gestalten wollen.

Der Zusammenhalt der Generationen in der Familie ist stark

Der Zusammenhalt der Familie ist heute so stabil wie bei keiner anderen sozialen Beziehung. Obwohl die verschiedenen Generationen einer Familie oft an unterschiedlichen Orten wohnen, sind die Kontakte intensiv. Auch die Hilfen und Unterstützungsleistungen sind vielfältig; sie laufen von der jüngeren zur älteren ebenso wie von der älteren zur jüngeren Generation. Junge Familien profitieren von der Unterstützung der Eltern und Schwiegereltern durch finanzielle Hilfe und Betreuung der Kinder. Ältere Menschen finden Austausch im Alltag, Rückhalt in Krisen, Hilfen bei Krankheit und Pflege. Das Generationenverhältnis in den Familien ist zudem weniger autoritär und deutlich toleranter als früher. Besonders die Beziehungen zwischen Großeltern und Enkeln sind wärmer und zugewandter geworden.

Alle diese Beobachtungen und Befunde bestätigen die hohe und starke Leistungsfähigkeit der Familie. Die Familie und die Solidarität zwischen den Generationen bleiben eine tragende Säule unserer Gesellschaft. Doch geht der demografische Wandel nicht spurlos an den Familien vorüber. Das Problem ist nicht, dass Angehörige nicht mehr bereit wären zu helfen, sondern vielmehr, dass weniger Angehörige da sind, die helfen können. Weniger Angehörige sind da – in zweierlei Hinsicht. Zum einen kommen weniger jüngere auf mehr ältere Familienangehörige. Wenn 30 Prozent aller Frauen – und noch etwas mehr Männer – kinderlos bleiben, wenn die Ein- oder Zweikindfamilie die Regel ist, dann liegt es in den Händen von immer weniger Töchtern und Söhnen, sich um die Älteren zu kümmern. Und umgekehrt mag so mancher aktive, lebensfrohe, engagierte Senior geradezu eine (Ersatz-)Familie suchen, der er mit seiner Zeit, seiner Kompetenz und seiner Erfahrung etwas geben kann. Zum Zweiten sind sich die Generationen räumlich nicht mehr so nah. Die moderne Arbeitswelt fordert Mobilität, nur noch selten finden sich Paare aus ein und demselben Ort, die neu gegründete Familie lässt sich dann häufig noch einmal an anderer Stelle nieder als die Herkunftsfamilien. Kurz: Die Oma schaut nicht mehr über den Gartenzaun, sondern meldet sich am Telefon. Sie ist in vielen Familien Bezugsperson für das Wochenende oder die Ferien.

Mit der zunehmenden räumlichen Entfernung verschwinden auch nahe Orte, an denen Begegnung und Austausch zwischen den Generationen bisher stattfanden. Und diesen Verlust spüren wir: Warum brauchen wir eine Super-Nanny? Sind junge Menschen instinktloser und unfähiger als früher? Nein! Sie können aber auf einige der früheren Leistungen von Familie nicht mehr ohne Weiteres zugreifen – die stillschweigende Weitergabe von Erfahrungen, von Erziehungswissen, von Empathie und Toleranz im Alltag. Und den Älteren fehlt der Kontakt mit der jüngeren Generation ebenfalls – vor allem natürlich denjenigen Älteren, die allein leben, kinderlos sind und keine Berührungspunkte mit Jüngeren haben. Nicht wenige ältere Menschen fühlen sich daher einsam, vernachlässigt, fremd in einer Welt, die nicht mehr die ihre ist.

Außerhalb der Familie leben die Generationen nebeneinander her

Schaut man sich die Generationenbeziehungen außerhalb der Familie an, schärft sich dieses Bild. Jüngeren Menschen sind die älteren Generationen durch Kontakte im Familienkreis vertraut. Sobald dieser Kreis aber verlassen wird, tritt Fremdheit zutage, ist die Wahrnehmung stärker von Klischees geprägt. Jugendliche äußern sich wesentlich kritischer und distanzierter, wenn sie allgemein nach dem Verhältnis zu Erwachsenen befragt werden, als wenn es um die eigenen Eltern geht. Ähnlich verhält es sich bei älteren Menschen: Sie sind zwar im Allgemeinen oft der Auffassung, erwachsene Kinder würden ihre Eltern häufig vernachlässigen. Nach den eigenen Kindern befragt, ergibt sich aber ein viel positiverer Eindruck. Der Grund dafür ist einfach: Außerhalb der Familie haben Jung und Alt im Alltag wenig Berührungspunkte. Über zwei Drittel der 15- bis 20-jährigen Deutschen stehen selten oder nie im Kontakt mit Menschen über 60 Jahren. Freundschaften über Generationengrenzen hinweg haben Seltenheitswert. Jede Altersgruppe hat eigene Einrichtungen und Möglichkeiten, um ihre Freizeit zu gestalten. Aufgrund der verschiedenen Lebensstile und Lebensrhythmen geht man in der freien Zeit meist getrennte Wege.

Diese Trennung hat – in Maßen – auch etwas für sich. Für Jugendliche ist die Gruppe der Gleichaltrigen wichtig, um in der Gesellschaft den eigenen Platz zu finden. Ältere wiederum teilen mit anderen Älteren – oft unausgesprochen – ähnliche Erfahrungen, was den Umgang miteinander unkomplizierter macht. Man kann den eigenen Gewohnheiten treu und quasi „unter sich" bleiben. Wenn sich aber die Lebens- und Freundeskreise der Generationen nicht mehr überschneiden und vielleicht allzu sehr voneinander entfernen, verbaut man sich Chancen. Klischees von anderen Lebensaltern werden nicht mehr an der alltäglichen Erfahrung gemessen und abgebaut. Stattdessen finden sie ihre vermeintliche Bestätigung in wohlfeilen Schlagworten wie „Rentnerschwemme" oder „gierige Erben". Wenn schon nicht der Krieg zwischen den Generationen ausbricht – eine zunehmende Fremdheit, ein Nebeneinanderherleben ohne besonderes Verständnis füreinander steht dann als sich selbst erfüllende Prophezeiung durchaus im Raum.

Ältere Menschen – ein unverzichtbares Potenzial für unsere Gesellschaft

Dabei sind die Potenziale des Alters eine Chance für unsere Gesellschaft. Anstatt unsere vermeintliche „Überalterung" zu beklagen, sollten wir diese Potenziale der gewonnenen Lebensjahre in den Mittelpunkt stellen. Das beginnt bei einem neuen Bild vom Alter. Lange Zeit dominierte die Vorstellung, Altern sei überwiegend geprägt von Defiziten wie verminderter Leistungsfähigkeit, Gebrechlichkeit, Rückzug oder Abhängigkeit von Hilfe und Pflege. Das Gegenteil ist eher zutreffend: das Alter als eine eigenständige Lebensphase mit zahlreichen

Möglichkeiten der Sinngebung und Entfaltung. Ältere Menschen sind gesünder, aktiver, qualifizierter und engagierter denn je. Sie verfügen über Fähigkeiten und Erfahrungen, die sie in Wirtschaft und Gesellschaft einbringen können. Die Verlängerung der durchschnittlichen Lebenserwartung muss als das gewertet werden, was sie wirklich ist: ein Gewinn für die Einzelnen und für die Gesellschaft. Der Fünfte Altenbericht der Bundesregierung hat die Bedeutung älterer Menschen als Motor für Innovation und Fortschritt in unserem Land noch einmal deutlich herausgestellt. In vielen Unternehmen beginnt allmählich das Umdenken: Ältere Mitarbeiterinnen und Mitarbeiter bringen mit ihrer Souveränität, ihrer Erfahrung und ihrem Betriebswissen ganz besondere, wertvolle Ressourcen in den Arbeitsprozess ein. Nicht das möglichst junge Team, sondern die aus Alt und Jung gut gemischte Belegschaft bringt die besten Ergebnisse.

Der aktuelle Freiwilligensurvey zeigt: Ältere Menschen wollen auch die Gesellschaft mitgestalten. Oft finden sie aber nur schwer die Möglichkeit dazu. In den USA begegnen einem vielerorts betagte Pensionäre, die als freiwillig Engagierte zum Beispiel Besucherinnen und Besuchern Sehenswürdigkeiten und Museen erläutern. Die Integration selbst Hochbetagter ins aktive Leben hat dort eine andere Kultur und Tradition. Hierzulande steckt das freiwillige Engagement von Älteren, insbesondere außerhalb der langjährigen Mitgliedschaft in traditionellen Vereinen und Verbänden, noch eher in den Kinderschuhen. Wissenschaftliche Studien belegen jedoch, dass die Lebenszufriedenheit im Alter eng gekoppelt ist mit sozialer Aktivität und gesellschaftlich anerkannten Rollen. Ob ältere Menschen innerlich „jung“ im Sinne von neugierig und entwicklungsfähig bleiben, hängt in hohem Maße davon ab, ob ihnen Aufgaben und Verantwortung übertragen werden. Es ist Aufgabe der Gesellschaft und auch der Politik, Bedingungen zu schaffen, die die Potenziale des Alters zur Entfaltung bringen.

Der Austausch zwischen den Generationen ist eine Bereicherung

Auf der einen Seite finden wir also das große und zum Teil ungenutzte Potenzial älterer Menschen, auf der anderen Seite die beschriebene Fremdheit zwischen den Generationen außerhalb der engeren Familie. Am Anfang der Idee der Mehrgenerationenhäuser stand die Überlegung: Das müssen wir zusammenbringen! Es müsste Orte geben, an denen sich die Generationen wieder begegnen, auch wenn sie nicht miteinander verwandt sind. Wer als alter Mensch Kinder um sich hat, wird nicht durch ihr Gewusel und ihren Lärm irritiert sein, weil er es gewohnt ist. Im Gegenteil: Er wird sich an ihrer Lebhaftigkeit freuen und daran Anteil nehmen. Wer als junger Mensch Ältere um sich hat, wird an manche Umständlichkeit und manche Tüdeligkeit gewöhnt sein und sich über ihren Erfahrungs- und Geschichtenreichtum freuen. Selbstverständliche Kontakte und Begegnungen im Alltag sind der beste Weg zu Verständnis und Zusammenhalt. Alt und Jung dürfen sich nicht aus den Augen verlieren!

Das ist aber nicht alles. Zum Konzept des Mehrgenerationenhauses fehlt noch ein entscheidender Schritt: Aus der Begegnung heraus soll nämlich auch der alltagspraktische Kreislauf des Gebens und Nehmens zwischen den Generationen wieder stärker belebt werden. Aufgaben, die Jung und Alt gemeinsam angehen können, gibt es genug, die Hilfe für Familien im Alltag ist nur eine davon. Geben und Nehmen – das kann sich auf ganz konkrete Dinge und Hilfen beziehen. Mehrgenerationenhäuser sollen Dienstleistungsdrehscheiben in ihrer Region werden. Praktisch heißt das: Sie vermitteln Tagesmütter oder Babysitter, bieten Sprachkurse an, betreiben ein Café oder eine Fahrradwerkstatt. Solche Dienstleistungen können beruflich angeboten werden, dann entstehen Arbeitsplätze. Oder sie werden ehrenamtlich erbracht, dann entsteht Raum für freiwilliges Engagement. Hauptsache, der Austausch kommt (wieder) in Gang.

Vor allem aber können Ältere wie Jüngere von einem Austausch der Kenntnisse und Hilfen profitieren. Heranwachsende lernen im Umgang mit älteren Menschen, Neues zu entdecken und Fremdes differenziert wahrzunehmen – eine zentrale Voraussetzung für die Entwicklung des eigenen Bewusstseins. Für die Älteren hingegen ist es eine wichtige Bestätigung, wenn sie ihre Erfahrungen an Jüngere weitergeben können – und die Reaktion der Jüngeren ist gleichzeitig die Gewähr dafür, dass sie nicht „einrosten", nicht in eingefahrenen Sichtweisen stecken bleiben. Denn Generationenbeziehungen finden heute auf Augenhöhe statt; das traditionelle Autoritätsgefälle zwischen Alt und Jung gibt es nicht mehr. Kinder lernen von Erwachsenen, Erwachsene lernen aber auch von Kindern und Jugendlichen. Die jüngere Generation tritt bei Technik- oder Medienkompetenz immer öfter als Vermittlerin auf; dann geraten Erwachsene in die Rolle von Lernenden. Natürlich gibt es nach wie vor auch Lernprozesse in die andere Richtung – ob beim Geschichtenerzählen oder beim Fahrradreparieren. Im

Austausch der Generationen werden junge Menschen in den Kreislauf des Gebens und Nehmens von Erziehungswissen und Kulturtechniken aufgenommen; ältere Menschen werden davor bewahrt, aus diesem Kreislauf herauszufallen. Diese uralte Aufgabe der praktischen Weitergabe von Wissen, Kompetenzen und Erfahrungen ist auch in einer modernen Gesellschaft keinesfalls überflüssig – sie funktioniert aber nicht mehr als Einbahnstraße. Auch die Jüngeren haben etwas zu geben. Die Generationen brauchen einander, um das Leben zu bewältigen – nach wie vor und vielleicht mehr denn je.

Mehrgenerationenhäuser – neue Räume für Begegnung, Austausch und Hilfe

Mit den Mehrgenerationenhäusern entsteht deutschlandweit eine Infrastruktur für Beziehungen zwischen Jung und Alt auch außerhalb der Familie. Hier finden Eltern Hilfe, hier können Kinder eigenständig von anderen lernen, hier sind ältere Menschen gebraucht und gewollt. Mehrgenerationenhäuser sind offene Treffpunkte, in denen alle Generationen den Tag miteinander verbringen, gemeinsam essen, spielen, lernen und sich gegenseitig helfen. Jeder kann dabei seine Stärken, seine Fähigkeiten und Kenntnisse einbringen – und erhält im Gegenzug dafür etwas, was nicht immer mit Geld zu bezahlen ist: Zeit zum Zuhören zum Beispiel, die Möglichkeit, an einem gemeinsamen Mittagstisch mit vielen anderen teilzunehmen, das Erlernen neuer Fertigkeiten.

Doch sind die Mehrgenerationenhäuser nur ein Teil einer neuen generationenübergreifenden Politik in Deutschland.

Auch in den generationenübergreifenden Freiwilligendiensten wird das Miteinander von Alt und Jung neu belebt. Das Modellprogramm erprobt neue Formen von freiwilligem Engagement und erreicht inzwischen in über 1000 Einsatzstellen mehr als 6500 Freiwillige, Junge wie Ältere. Sie engagieren sich gemeinsam in einer Vielfalt von Einsatzfeldern, bringen sich für einen begrenzten Zeitraum in gesellschaftliche und soziale Belange ein. Netzwerke für Jung und Alt entstehen auch in den Lokalen Bündnissen für Familie, wo sich Partner aus Politik, Wirtschaft und Gesellschaft zum gemeinsamen Engagement für ein familienfreundliches Lebensumfeld zusammenschließen.

Mehrgenerationenhäuser und andere Ansätze für generationenübergreifende Politik schaffen neue Orte für das zukünftige Zusammenleben in unserer Gesellschaft im demografischen Wandel. Der Zusammenhalt im Großen fußt auf einem Zusammenhalt im Kleinen: Zusammenhalt in den Familien, zwischen den Generationen, in der Nachbarschaft, in der Gesellschaft. Die Politik kann diesen Zusammenhalt weder stiften noch anordnen. Er entsteht im und durch das Miteinanderleben der Menschen. Politik kann aber Räume schaffen, in denen Begegnung, Austausch und Hilfe zwischen den Generationen Platz finden. Ende 2007 wird es 500 solcher Räume geben – 500 Mehrgenerationenhäuser. Was dort passiert, stimmt schon jetzt optimistisch: Die Generationen profitieren voneinander, sie lernen voneinander, sie brauchen einander. Ein neues Miteinander entsteht, auf dessen weitere Entwicklung wir gespannt sein können.

Gerald Hüther

Miteinander und aneinander wachsen – Emotionale und soziale Grundlagen menschlicher Entwicklung

Prolog

Dort, wo ich aufgewachsen bin, gab es einen riesigen Obstgarten. Jedenfalls kam er mir damals riesig groß vor. Im Frühling, wenn die Bäume blühten, war der ganze Garten vom Duft der Apfelblüten erfüllt. Wenn der Sommer kam, konnte ich es kaum erwarten, bis die ersten Kirschen reif wurden, denn die süßen, saftigen Kirschen mochte ich am liebsten. Die besten hingen leider ganz oben, wo nur die Stare hinkamen. Die fraßen sie mitsamt den Kernen und sorgten auf diese Weise dafür, dass sich die Kirschbäume in unserer Gegend verbreiteten. Aber die Kirschen, die an diesen wilden Bäumen wuchsen, waren klein und schmeckten bitter. Später zeigte mir mein Großvater, wie man einen solchen Wildkirschenbaum dazu bringt, richtige Kirschen zu tragen, indem man einfach einen Zweig oder eine Knospe eines veredelten Kirschbaumes auf den wilden Baum aufpflanzt.

Wir haben uns damals lange darüber unterhalten, weshalb der Samen eines Obstbaumes allein nicht in der Lage ist, einen Baum hervorzubringen, der selbst wieder richtiges Obst trägt. Der Kirschkern, so meinte mein Großvater, brauche ja eigentlich nur zu wissen, wie ein Kirschbaum gemacht wird, der dann selbst wieder Kirschkerne hervorbringt, mit einem steinernen Gehäuse, das sie schützt, und mit etwas Fleisch darum, damit sie die Vögel fressen und verbreiten. Ob die Kirschen uns Menschen besonders gut schmecken, ist den Kirschkernen völlig schnuppe, sagte mein Großvater. Falls aus einem dieser Kerne aber dann doch zufälligerweise einmal ein Baum hervorgeht, der solche Früchte trägt, wie wir sie mögen, so gelangt das Wissen davon, wie dem Baum das gelungen ist, nicht in die Samen seiner Kirschen. Für die ist es nur wichtig, dass die Früchte nach wie vor den Vögeln möglichst gut schmecken. Wenn wir also große, süße Kirschen haben wollen, so müssen wir einen Baum finden, dem es irgendwie gelungen ist, solche Früchte hervorzubringen. Wenn wir dann aus einem Ast oder einer Knospe davon einen neuen Baum ziehen, so bleibt diese Fähigkeit erhalten, denn die Knospen dieses Baumes wissen ja, wie große, süße Kirschen gemacht werden ...

„Und die Äpfel, Opa, wie ist es bei den Äpfeln?“, fragte ich, und der Großvater sagte: „Genauso, ohne uns gäbe es keine dicken Äpfel und Birnen, keine saftigen Pflaumen, auch keine großen, duftenden Rosen. Genau genommen gäbe es so gut wie nichts von alledem, was wir in unseren Gärten und auf unseren Feldern anbauen. Die Kartoffeln machen es uns leicht, da können wir gleich diejenigen Knollen aussuchen und im nächsten Jahr in die Erde pflanzen, die uns am besten schmecken. Bei vielen Pflanzen ist es uns sogar gelungen, das Wissen davon, wie sie wachsen müssen, damit sie oder ihre Früchte so werden, wie wir sie haben wollen, in den Samen zu bringen. Dann brauchen wir nur noch dafür zu sorgen, dass die betreffenden Pflanzen auch alles vorfinden, was sie zur Entfaltung dieser Anlagen brauchen. Auf einem Unkrautacker kann kein großer Blumenkohl wachsen."

„Und die Tiere, Opa, haben wir die Tiere auch selbst gemacht?", fragte ich weiter. Geduldig erklärte mir der Großvater, wie es mit den Tieren war, warum wir die einen so, die anderen aber so haben wollten und wie wir es mit viel Mühe geschafft haben, dass sie am Ende auch wirklich so geworden sind, wie wir uns das vorgestellt hatten: Hunde, Pferde, Rinder, Schafe, Katzen, Vögel für jeden nur erdenklichen Zweck und jeden noch so ausgefallenen Geschmack.

„Und die Menschen, Opa, haben wir uns denn selbst auch so gemacht, wie es uns gefiel?", fragte ich weiter. Aber da meinte der Großvater, es sei jetzt an der Zeit, endlich heimzugehen.

Möglicherweise war es dieses Gespräch mit meinem Großvater, was mich dazu gebracht hat, Biologie zu studieren, um dann als Hirnforscher der Frage nachzugehen, wie wir Menschen so werden konnten, wie wir heute sind.

Wie wir werden konnten, was wir heute sind

Das, was sich ein Mensch im Laufe seines Lebens an Wissen, an Fähigkeiten und Fertigkeiten aneignet, wird von anderen Menschen übernommen – vor allem von all jenen, mit denen er sich emotional verbunden fühlt.

Damit dieser Prozess der transgenerationalen Weitergabe von Erfahrungen funktioniert, bedarf es auf der Ebene der genetischen Programme lediglich einer einzigen Voraussetzung: Sie müssen so beschaffen sein, dass sie die Herausbildung eines hochkomplexen, plastischen und zeitlebens lernfähigen Gehirns ermöglichen. Aber nur die genetisch verankerte Potenz, ein Gehirn zu entwickeln, in dem bestimmte neuronale Netzwerke so herausgebildet und stabilisiert werden können, dass man mit deren Hilfe auf zwei Beinen gehen kann, reicht nicht aus, damit man sich wirklich auf zwei Beinen fortzubewegen lernt. Dazu bedarf es mehr: Vorbilder, die diese Kunst bereits beherrschen, das innere Bedürfnis oder die äußere Notwendigkeit, diese Fähigkeit erlernen zu wollen, und den Mut und die Ermutigung, es auch wirklich auszuprobieren und dabei zu erleben, dass es geht. Das Gleiche gilt für die Herausbildung der zum Verstehen und zum Sprechen einer Sprache erforderlichen neuronalen Netzwerke und synaptischen Verschaltungen in den sogenannten Sprachzentren des Gehirns. Allein dadurch, dass er mit einem Gehirn ausgestattet ist, in dem diese Repräsentanzen prinzipiell – also genetisch bedingt – herausgeformt werden können, lernt noch kein Mensch sprechen. Auch hierzu braucht man als Kind bestimmte Rahmenbedingungen, also sprechende andere Menschen, die einem vormachen, wie man spricht, und die einem erklären, was das Gesprochene bedeutet.

Psychosoziale Kompetenz, Kreativität, Planungs- und Handlungskompetenz, Umsicht, Durchsetzungsvermögen, Flexibilität, Mut, Ausdauer, Risikobereitschaft, motorisches Geschick, Reflexionsvermögen, Impulskontrolle, Frustrationstoleranz, Lernfähigkeit, Neugier, Gestaltungslust – all das sind Fähigkeiten, die Kinder nur dann entwicken können, wenn sie unter der Obhut und kompetenten Anleitung von Erwachsenen aufwachsen, die über diese Kompetenzen verfügen und die Lebenswelt von Kindern so gestalten, dass es ihnen gelingt, sich diese Fähigkeiten anzueignen und in Form nutzungsabhängig herausgeformter neuronaler Verschaltungsmuster in ihrem Gehirn zu verankern.

Mit anderen Worten: Genetische Programme, die die Herausbildung eines hochkomplexen, lernfähigen Gehirns ermöglichen, sind zwar eine notwendige, aber keine hinreichende Vorbedingung dafür, dass Menschen auch wirklich all jene Fähigkeiten und Fertigkeiten entwickeln, die sie für ihr Leben und ihre Reproduktion brauchen. Neben den genetischen Anlagen muss eben zusätzlich noch all das „mitvererbt", also von einer Generation zur nächsten weitergegeben werden, was für die Realisierung dieser Potenziale erforderlich ist.

Und damit sind wir nun endlich bei der Frage angekommen, was das Gehirn des Menschen zu einem menschlichen Gehirn macht. Die hochkomplexen und auf vielfältige Weise kombinierbaren genetischen Anlagen, die die Herausbildung eines hochvernetzten, durch Erfahrungen strukturierbaren und zeitlebens lernfähigen Gehirns ermöglichen, sind bereits sehr früh entstanden. Und so, wie sie damals, vor etwa 100.000 Jahren, waren, als sich der Homo sapiens als eine Art aus den menschenähnlichen Vorfahren unserer Gattung entwickelt hatte, sind diese genetischen Anlagen auch bis heute geblieben. Noch heute ist unser Erbgut zu 99,5 % identisch mit dem unserer nächsten noch lebenden Verwandten, der Schimpansen. Die Anzahl der Gene, die die Molekularbiologen im Rahmen des „Human Genom Project" im menschlichen Erbgut gefunden haben, ist kaum größer als die von Würmern. Ganz offenbar kommt es nicht nur darauf an, wie viele und was für Gene man besitzt, sondern auf welche Weise die im Genom enthaltenen DNA-Sequenzen genutzt, also miteinander kombiniert, modifiziert und auf eine bestimmte Weise arrangiert und exprimiert werden können.

Die bisherige Vorstellung davon, dass es nur der richtigen Mutationen des Erbgutes unserer äffischen Vorfahren bedurfte, um unsere Spezies hervorzubringen, erscheint also aus heutiger Sicht doch etwas zu kleinkariert. Von Anfang an vollzieht sich der Prozess der Evolution und die damit einhergehende Weitergabe erworbener Eigenschaften auf mehreren, miteinander verbundenen und voneinander abhängigen Ebenen:

1. Auf der Ebene des Genoms als transgenerationale Weitergabe der durch zufällige, vielleicht aber auch gerichtete Mutationen bestimmten DNA-Sequenzen von einer Generation zur nächsten.
2. Auf der Ebene der für die Expression dieser genetischen Anlagen erforderlichen Rahmenbedingungen in Form epigenetischer Faktoren, die von der Elterngeneration geschaffen und aufrechterhalten werden und die Genexpression während der frühen Embryonalentwicklung ihrer Nachkommen steuern.
3. Auf der Ebene der von der Elterngeneration in spezifischer Weise herausgebildeten Verhaltensreaktionen und Verhaltensmerkmale, die durch transgenerationale Weitergabe von Erfahrungen zur Aneignung der gleichen oder ähnlicher Verhaltensreaktionen und Verhaltensweisen bei den Nachkommen führen.
4. Auf der Ebene der symbolischen Kommunikation in Form von Bildern, Sprache, Geschichten etc., die von einer Generation an die nachfolgende Generation überliefert und

dabei von Generation zu Generation modifiziert, weiterentwickelt oder auch, wenn dieser Prozess der transgenerationalen Weitergabe von symbolischen Begriffen, Zeichen, Ideen, Überzeugungen und Wertvorstellungen nicht gelingt, wieder verloren gehen können.

Wenn einer dieser Wege der transgenerationalen Weitergabe von einmal entstandenen Mustern (auf der Ebene von DNA-Sequenzen, auf der Ebene der epigenetischen Rahmenbedingung, auf der Ebene von kulturell tradierten Verhaltensweisen, auf der Ebene der symbolischen Kommunikation) holprig wird und damit zuverlässig zu funktionieren aufhört, wird alles, was uns als Menschen ausmacht, infrage gestellt.

Das menschliche Gehirn als soziales Konstrukt

Das menschliche Gehirn ist formbarer – und deshalb auch verformbarer –, als das selbst die Hirnforscher noch bis vor wenigen Jahren geglaubt haben. Keine andere Spezies kommt mit einem derart offenen, lernfähigen und durch eigene Erfahrungen in seiner weiteren Entwicklung und strukturellen Ausreifung gestaltbaren Gehirn zur Welt wie der Mensch. Nirgendwo im Tierreich sind die Nachkommen beim Erlernen dessen, was für ihr Überleben wichtig ist, so sehr und über einen vergleichbar langen Zeitraum auf Fürsorge und Schutz, Unterstützung und Lenkung durch die Erwachsenen angewiesen, und bei keiner anderen Art ist die Gehirnentwicklung in solch hohem Ausmaß von der emotionalen, sozialen und intellektuellen Kompetenz dieser erwachsenen Bezugspersonen abhängig wie beim Menschen. Das gilt insbesondere für den jüngsten Teil des Gehirns, das Stirnhirn.

Erst in den letzten zehn Jahren ist es den Gehirnforschern und Entwicklungspsychologen vor allem mithilfe der sogenannten bildgebenden Verfahren gelungen nachzuweisen, welch nachhaltigen Einfluss frühe Bindungserfahrungen darauf haben, wie und wofür ein Kind sein Gehirn benutzt, und welche Verschaltungen zwischen den Milliarden Nervenzellen deshalb besonders gut gebahnt und stabilisiert und welche nur unzureichend entwickelt und ausgeformt werden. Diese Erkenntnis beginnt sich jetzt erst allmählich unter den die Erziehung und Sozialisation der nachwachsenden Generation lenkenden Erwachsenen auszubreiten.

Nicht viel anders verhält es sich mit der zweiten wichtigen Erkenntnis, die sich zwangsläufig aus der Tatsache ergibt, dass die frühkindlichen Bindungen nur der erste Schritt eines langen und komplizierten Sozialisationsprozesses sind. Im Verlauf dieses Prozesses lernt jedes Kind, sein Gehirn auf eine bestimmte Weise zu benutzen, indem es dazu angehalten, ermutigt oder auch gezwungen wird, bestimmte Fähigkeiten und Fertigkeiten stärker zu entwickeln als andere, auf bestimmte Dinge stärker zu achten als auf andere, bestimmte Gefühle eher zuzulassen als andere, also sein Gehirn allmählich so zu benutzen, dass es sich damit in der Gemeinschaft, in die es hineinwächst, zurechtfindet. In unterschiedlichen Kulturen aufwachsende Kinder erwerben dabei zum Teil sehr unterschiedliche, kulturell tradierte Fähigkeiten. Die Kinder der Eingeborenen des amazonischen Regenwaldes lernen auf diese Weise, bis zu einhundert verschiedene Grüntöne zu unterscheiden, und die der Inuit am nördlichen Polarkreis, ein

Dutzend verschiedene Formen von Schnee auseinanderzuhalten. Und auch unsere Kinder erwerben im Verlauf dieses Prozesse jene Fähigkeiten und Fertigkeiten, auf die es eben für das Leben in unserem Kulturkreis ganz besonders ankommt, und indem sie das tun, werden auch die dabei immer wieder aktivierten neuronalen Verschaltungen stärker und intensiver benutzt, ausgebaut und entwickelt.

Alles, was auf diese Weise erst im Verlauf der ersten Lebensjahre gelernt werden muss, wird von anderen Menschen übernommen. Keine dieser kulturspezifischen Leistungen ist angeboren. Alles, worauf ein Kind später stolz ist, was es als Persönlichkeit ausmacht, also das, was es weiß und kann, ebenso wie das, was es denkt und fühlt, ja sogar das, was es wünscht und träumt, und nicht zuletzt das, was es als seine Muttersprache erwirbt, verdankt es dem Umstand, dass andere Menschen ihm bei der Benutzung und Ausformung seines Gehirns geholfen haben. Ohne erwachsene Vorbilder hätte ein Kind womöglich noch nicht einmal aufrecht zu gehen gelernt, es wäre nicht in der Lage, sich in einer bestimmten Sprache auszudrücken, es wüsste nicht, was essbar und was giftig und gefährlich ist. Auch wir selbst hätten weder Fahrrad zu fahren noch irgendein hierzulande alltägliches Gerät zu bedienen gelernt. Wir könnten nicht schreiben, lesen und rechnen, auch nicht musizieren, singen und tanzen, wenn uns niemand gezeigt hätte, wie das geht. Wir wären der äußeren Welt und unseren inneren Antrieben hilflos ausgesetzt, wüssten nicht, worauf wir besonders zu achten haben, hätten nicht gelernt, all die vielen komplexen Bewegungsabläufe und feinmotorischen Handlungen zu steuern, die man nur von anderen Menschen lernen kann, und wir wären auch kaum in der Lage, irgendwelche in uns aufkommenden Impulse zu kontrollieren.

All das und noch vieles mehr muss jedes Kind im Verlauf eines schwierigen und daher auch sehr störanfälligen Entwicklungsprozesses erst lernen. Dass das geschieht, erscheint uns so selbstverständlich, dass wir kaum je darüber nachdenken, was aus unserem Gehirn geworden wäre, wenn wir keine Gelegenheit bekommen hätten, uns all diese Fähigkeiten und Fertigkeiten im Verlauf unserer ersten Lebensjahre von anderen Menschen anzueignen. Es wäre ein Gehirn geworden, in dem all das, was zum Zeitpunkt der Geburt noch nicht fertig ausgereift ist, sich nicht so weiterentwickelt, organisiert und strukturiert hätte, wie das nun einmal geschehen ist. All die hochkomplexen Verschaltungen, die nicht automatisch entstehen, sondern die nur dann herausgeformt und stabilisiert werden können, wenn sie auch immer wieder aktiviert und benutzt werden, wären ohne die vielen Anregungen und Ermunterungen, Maßregelungen und Ermahnungen, also ohne die aktive Einflussnahme anderer Menschen auf unsere Hirnentwicklung nicht entstanden. Unser Gehirn ist in viel stärkerem Maße, als wir in eigener Selbstüberschätzung zuzugeben bereit sind, durch diese anderen Menschen und all das, was diese wiederum von anderen Menschen übernommen haben, strukturiert worden.

Das Gehirn, so lautet die vielleicht wichtigste Erkenntnis der Hirnforscher, lernt immer, und es lernt das am besten, was einem Heranwachsenden hilft, sich in der Welt, in die er hineinwächst, zurechtzufinden und die Probleme zu lösen, die sich dort ergeben. Das Gehirn ist also nicht zum Auswendiglernen von Sachverhalten, sondern zum Lösen von Problemen optimiert. Und da fast alles, was ein heranwachsender Mensch lernen kann, innerhalb des sozialen Gefüges und des jeweiligen Kulturkreises direkt oder indirekt von anderen Menschen „bezogen wird" und der Gestaltung der Beziehungen zu anderen Menschen „dient", wird das Gehirn auch nicht in erster Linie als Denk-, sondern als Sozialorgan gebraucht und entsprechend strukturiert.

Was Kinder stark macht

Kinder lernen immer, und sie tun das immer, indem sie sich zu dem, was sie erfahren und was es in der Welt zu entdecken gibt, in Beziehung setzen. Genau wie wir als Erwachsene müssen auch Kinder versuchen, jede neue Wahrnehmung und jede neue Erfahrung an etwas anzuknüpfen, was bereits da ist, was sie schon wissen und können, was ihnen also bereits irgendwie vertraut ist. Und wie bei uns Erwachsenen ist auch die Bereitschaft von Kindern, sich auf etwas Neues einzulassen, etwas Neues auszuprobieren um so größer, je sicherer sie sind und je größer das Vertrauen ist, mit dem sie sich in die Welt hinauswagen. Jede Art von Verunsicherung, von Angst und Druck erzeugt in ihrem Gehirn eine sich ausbreitende Unruhe und Erregung. Unter diesen Bedingungen können die dort über die Sinneskanäle eintreffenden Wahrnehmungen nicht mit dem bereits gespeicherten Erinnerungen abgeglichen werden. Und so kann dann nichts Neues hinzugelernt und im Gehirn verankert werden. Oft wird die Erregung und das damit einhergehende Durcheinander im Kopf sogar so groß, dass auch bereits Erlerntes nicht mehr erinnert und genutzt werden kann. Das Einzige, was dann noch funktioniert, sind ältere, sehr früh entwickelte und sehr fest eingefahrene Denk- und Verhaltensmuster. Das Kind fällt dann zurück in solche Verhaltensweisen, die immer dann aktiviert werden, wenn es anders nicht mehr weitergeht: Angriff (Schreien, Schlagen), Verteidigung (nichts mehr hören, sehen, wahrnehmen wollen, stur bleiben, Verbündete suchen) oder Rückzug (Unterwerfung, Verkriechen, Kontaktabbruch). Jedes Kind verliert so seine Offenheit, seine Neugier und sein Vertrauen – und damit die Fähigkeit, sich auf Neues einzulassen. Dieser Zustand ist für Kinder genauso schwer auszuhalten wie für Erwachsene. Sie fühlen sich ebenso ohnmächtig und beschämt und reagieren mit Wut, Zorn oder gar Resignation auf die erlebte Enttäuschung.

Die Gefahr, dass Kinder in solche Situationen geraten, lässt sich nur abwenden, wenn ihnen Gelegenheit geboten wird, genau das zu stärken, was sie mehr als alles andere brauchen, um sich mit anderen Menschen und dem, was sie in der Welt erleben, in Beziehung zu setzen: Vertrauen. Nichts ist besser in der Lage, das Durcheinander im Kopf aufzulösen und die zum Lernen erforderliche Offenheit und innere Ruhe wiederherzustellen, als dieses Gefühl von Vertrauen. Deshalb suchen alle Kinder enge Beziehungen zu Menschen, die ihnen Sicherheit bieten und ihnen bei der Lösung von Problemen behilflich sind, die ihnen nicht nur sagen, sondern selbst vorleben, worauf es im Leben ankommt, und ihnen auf diese Weise Orientierung beim Entdecken ihrer eigenen Möglichkeiten zur Gestaltung ihres Lebens bieten.

Vertrauen ist das Fundament, auf dem alle unsere Entwicklungs-, Bildungs- und Sozialisierungsprozesse aufgebaut werden. Vertrauen braucht ein Kind auch später, wenn es erwachsen geworden ist, mehr als alles andere, um sich der Welt und anderen Menschen offen, ohne Angst und Verunsicherung zuwenden und auch schwierige Situationen meistern zu können. Dieses Vertrauen muss während der Kindheit auf drei Ebenen entwickelt werden:

- als Vertrauen in die eigenen Möglichkeiten, Fähigkeiten und Fertigkeiten zur Bewältigungen von Problemen,
- als Vertrauen in die Lösbarkeit schwieriger Situationen gemeinsam mit anderen Menschen und
- als Vertrauen in die Sinnhaftigkeit der Welt und das eigene Geborgen- und Gehaltensein in der Welt.

Lehrer und Erzieher, die selbst verunsichert sind oder ständig verunsichert werden, bieten die schlechtesten Voraussetzungen dafür, dass dieses Vertrauen wachsen kann. Was Kinder also stark und offen macht, hängt von der Stärke und Offenheit der Erwachsenen ab, unter deren Obhut sie aufwachsen.

Weshalb Kinder Erwachsene brauchen

Aufgrund seiner individuell und im Zusammenleben mit anderen Menschen gemachten und im Hirn in Form bestimmter Nervenzell-Verschaltungen verankerten Erfahrungen gelangt jeder einzelne Mensch im Laufe seines Lebens zu bestimmten Annahmen und entwickelt bestimmte Vorstellungen über die (soziale) Welt, über die Art seiner Beziehungen zur äußeren (sozialen) Welt und über seine Möglichkeiten zur Mitgestaltung dieser Welt. Diese Vorstellungen werden als inneren Orientierungen, Selbstwirksamkeitskonzepte, als eigene Wertvorstellungen und Leitbilder im Hirn verankert. Sie bieten einem Menschen Halt und Sicherheit, bestimmen seine Entscheidungen, lenken seine Aufmerksamkeit in bestimmte Richtungen und sind daher ganz entscheidend dafür, wie und wofür der Mensch sein Gehirn benutzt und wie er es daher auch weiter strukturiert. Die konkrete Form dieser inneren Bilder und Orientierungen, die ein Mensch im Lauf seines Lebens für seine weitere Lebensgestaltung findet, hängt im hohen Maß von den jeweils vorgefundenen und als besonders „erfolgreich" bewerteten Vorbildern ab, die er als Heranwachsender innerhalb seines Kulturkreises und der dort herrschenden sozialen (familiären und gesellschaftlichen) Beziehungen vorfindet. Zwangsläufig ergibt sich daraus, dass die „Denkmuster", die „Gefühlsstrukturen" und die im Laufe des Lebens erworbenen Fähigkeiten und Fertigkeiten von Menschen aus verschiedenen Kulturkreisen – und innerhalb eines Kulturkreises von Menschen aus unterschiedlichen Familien und Sippen, von Männern und Frauen, von Erstgeborenen und Nachgeborenen – mehr oder weniger stark voneinander abweichen. Da nirgendwo auf der Welt identische Bedingungen herrschen, unter denen die Menschen identische Erfahrungen machen, ist jedes menschliche Gehirn ein einzigartiges Konstrukt. Es wird herausgeformt durch das Zusammenspiel einzigartiger mitgebrachter Anlagen und selbstgemachter Erfahrungen, und die auf diese Weise entstandenen und gefestigten neuronalen Verbindungen und Verschaltungsmuster verleihen dem betreffenden Menschen seine individuellen Begabungen, Fähigkeiten und Fertigkeiten. Je größer die Vielfalt individuell unterschiedlicher Denk-, Gefühls- und Handlungsmuster in einer menschlichen Gemeinschaft ist, desto reichhaltiger ist der Schatz innerer Bilder, aus dem diese Gemeinschaft die geeignetste Lösung zur Bewältigung ihrer Probleme auswählen kann.

Die interessantesten und für die Art der weiteren Nutzung und Strukturierung des Gehirns maßgeblichsten „inneren Bilder" werden in den höchsten und am stärksten vernetzten assoziativen Bereichen des menschlichen Gehirns gebildet. Eine herausragende Funktion spielt hierbei die präfrontale Rinde (Stirnlappen oder frontaler Cortex), also diejenige Hirnregion, deren endgültige Verschaltungsmuster während der Individualentwicklung zuletzt herausgebildet werden und deren Strukturierung in besonderer Weise durch eigene Erfahrungen im Verlauf der frühen Kindheit, also durch Erziehung und Sozialisation, bestimmt wird. Hier werden diejenigen inneren Bilder generiert und als charakteristische neuronale und synaptische Aktivierungsmuster gebahnt und gefestigt, die für die höchsten Leistungen des menschlichen Gehirns entscheidend sind: die Fähigkeit, eine Vorstellung von sich selbst (Selbstbild) und seinen eigenen Wirkungen (Selbstwirksamkeitskonzept) zu entwickeln, sich in andere Menschen hineinzuversetzen (sich ein Bild von anderen zu machen), seine Handlungen zu planen und seine eigenen inneren Impulse zu kontrollieren und in eine bestimmte Richtung zu lenken (sich ein Bild von dem zu machen, was man will).

All diese besonderen menschlichen Fähigkeiten kann man nicht unterrichten und auswendig lernen wie englische Vokabeln. Um sie zu erwerben und im Gehirn zu verankern, brauchen Kinder erwachsene Vorbilder, die ihnen nicht nur erzählen, sondern ihnen vormachen, d. h. vorleben, worauf es im Leben besonders ankommt. Damit ein Erwachsener für ein Kind zu einem Vorbild werden kann, an dem es sich orientiert, muss dieser Erwachsene für das Kind bedeutsam sein. Bedeutung erlangen erwachsene Vorbilder für Kinder allerdings weniger durch ihr gesellschaftliches Ansehen, ihren Beruf oder ihre materiellen Besitztümer als vielmehr dadurch, dass sie mit dem Kind in eine emotionale Beziehung treten, indem sie ihm Gelegenheit bieten, Aufgaben zu übernehmen und Herausforderungen anzunehmen, an denen das Kind wachsen, d. h. neue, wichtige eigene Erfahrungen machen und in seinem Gehirn verankern kann. Das gelingt den Erwachsenen als Eltern und Großeltern, als Erziehern und Lehrern immer dann besonders gut, wenn sie sich weniger als Obstbauern verstehen, die ihre Obstbäume nach ihren Vorstellungen pflanzen und zurechtstutzen, sondern versuchen, wie ein Landschaftsgestalter genau die Voraussetzungen und Bedingungen zu schaffen, die die Pflanzen brauchen, damit sie optimal gedeihen – im Fall der Kinder heißt das: damit sie ihre Potenziale optimal entfalten – können.

Und damit Kinder ihre angeborene Entdeckerfreude und Gestaltungslust nicht verlieren, brauchen sie kompetente Erwachsene, die selbst begeisterte Entdecker und Gestalter sind, die ihnen zeigen, was es alles zu entdecken und zu gestalten gibt, und die ihnen Mut machen und sie vielleicht auch ein wenig unterstützen, ihnen zeigen, wie es geht, wenn sie bestimmte Aufgaben alleine noch nicht schaffen.

Es ist gut, wenn Erwachsene viel wissen und können, aber all dieses Wissen und Können ist nichts wert und wird von Kindern auch nicht übernommen, wenn diese Erwachsenen nicht in der Lage sind, eine vertrauensvolle emotionale Beziehung zu ihnen aufzubauen.

Die Pflanzen wachsen nicht besser, wenn man daran zieht, man muss sie in die Sonne stellen, gießen, gelegentlich düngen und – so gut es geht – von Unkraut freihalten. Diese alte Gärtnerweisheit ist im Grunde nur eine andere Beschreibung dessen, was die Hirnforscher und Entwicklungspsychologen in den letzten Jahren (endlich auch) herausgefunden haben. Um ein hochvernetztes, zeitlebens lernfähiges Gehirn herauszubilden, brauchen Kinder kompetente Erwachsene, die sie als „supportive leaders" dazu ermutigen und ihnen dabei helfen, ihre Potenziale zu entfalten, statt sie durch althergebrachte, aber längst unbrauchbare gewordene Dressurmethoden nach ihren Vorstellungen „abzurichten".

Jede schwerwiegende Irritation oder Belastung erzeugt auch schon im kindlichen Hirn eine sich ausbreitende Erregung, die dazu führt, dass nur noch auf der Ebene der besonders stabilen, durch bisherige Erfahrungen bereits gut gebahnten Verschaltungsmuster ein entsprechendes handlungsleitendes Aktivierungsmuster aufgebaut werden kann. Deshalb führt jeder Leistungs-, Erwartungs-, Handlungs- oder sonstiger Druck immer zum Rückfall in bereits bewährte Strategien, bisweilen sogar zu Reaktionen, die schon während der frühen Kindheit gebahnt worden sind und – wenn es besonders eng wird – sogar zum Rückfall in archaische Notfallreaktion. Die sind im Hirnstamm nicht nur bei uns, sondern auch bei Tieren angelegt und führen, wenn sie aktiviert werden, zu Angriff oder Verteidigung, zu panischer Flucht und zuletzt – wenn gar nichts mehr geht – zu ohnmächtiger Erstarrung.

Je größer der Druck und die dadurch sich im Gehirn ausbreitende Erregung wird, desto tiefer geht es also auf der Stufenleiter der noch aktivierbaren handlungsleitenden Muster wie in einem Fahrstuhl hinab. Das Verhalten wird einfacher. Regression nennen das die Psychologen. Und weil dann im Hirn weniger regionale Netzwerke miteinander synchronisierbar sind und miteinander in Beziehung treten können, werden die Reaktionen auch entsprechend robuster und eindeutiger.

Um den Fahrstuhl im Gehirn in umgekehrter Richtung zu benutzen und von einfacheren zu komplexeren handlungsleitenden Mustern zu gelangen, muss also logischerweise der äußere Druck nachlassen bzw. das innere Erregungsniveau abgesenkt werden. Erst dann können wieder komplexere, subtilere und fragilere Beziehungsmuster zwischen möglichst vielen Nervenzellen aus möglichst unterschiedlichen Bereichen des Gehirns aufgebaut und als handlungs- und denkleitende Muster aktiviert werden.

Weshalb Erwachsene Kinder brauchen

Aufgrund seiner enormen Plastizität und Lernfähigkeit ist das menschliche Gehirn eine Baustelle, und es bleibt eine Baustelle, das ganze Leben lang. Je stabiler das Fundament geworden ist, desto größer und komplexer kann das darauf entstehende Gebäude werden. Weil das Fundament nicht stark genug war und weil zu viele inkompetente oder emotional zu wenig zugewandte Baumeister sich daran zu schaffen gemacht haben, ist bei nicht wenigen Erwachsenen manches verkümmert, was ursprünglich einmal da war und auch weiter hätte wachsen können: Lebensfreude, Begeisterungsfähigkeit, Lust am Entdecken und Gestalten, Beziehungsfähigkeit und Offenheit.

Solche Erwachsene haben sich irgendwie, so gut es ging, eingerichtet in der Welt. Sie verfügen über bestimmte Kenntnisse und Fähigkeiten, haben sich bestimmte Vorstellungen zu eigen gemacht und bestimmte Haltungen und Einstellungen entwickelt, mit deren Hilfe sie sich in ihrer jeweiligen Lebenswelt mehr oder weniger zurechtfinden. Sie könnten sich ändern und ihr Hirn noch einmal auf andere, neue Weise benutzen und damit auch anders strukturieren, aber das ist nicht so leicht, denn das Vertraute und Gewohnte zu verlassen und sich auf Neues einzulassen, macht Angst.

Was müsste passieren, damit wir unsere Gedanken auf ganz neue Wege schicken und neue Vorstellungen über das, worauf es im Leben ankommt, entwickeln könnten? Auch diese Frage ist inzwischen mithilfe der neuen Erkenntnisse der Hirnforscher recht leicht beantwortbar, wenngleich diese Erkenntnisse im Grunde nur das bestätigen, was wir alle längst wissen: Es muss etwas passieren, d. h. eine Person muss etwas erleben oder erfahren, was ihr „unter die Haut geht“. Es darf nicht so stark sein, dass sie gleich in Angst und Panik gerät. Es sollte als Gefühl vielleicht noch nicht einmal so eindringlich sein, dass es sie betroffen macht, sie also u. U. gar beschämt. Es müsste etwas sein, was sie im Innersten berührt oder irgendwie anrührt. Und anrühren kann einen Menschen nur etwas, was eine alte Sehnsucht in ihm wiedererweckt, was etwas in ihm wachruft oder an etwas in ihm anknüpft, das ihm irgendwie abhanden gekommen oder von anderen Erfahrungen verschüttet worden ist.

Damit ein Mensch in die Lage versetzt wird und den Mut findet, seine im Lauf des Lebens gewonnenen, sowohl individuell als auch kollektiv erfolgsgebahnten Ideen und Vorstellungen loszulassen, müsste er also die Gelegenheit geboten bekommen, etwas wiederzufinden, was er verloren hat: seine Fähigkeit, die Welt wieder mit den Augen des Kindes zu betrachten, das er ja selbst einmal war – so offen, so vorurteilsfrei und so neugierig, wie das noch immer als frühe Erfahrung in den damals herausgeformten und inzwischen „nach unten abgesackten" und von anderen Erfahrungen überlagerten Schichten seines Gehirns verankert – und deshalb auch wieder reaktivierbar – ist.

Diese frühen Erfahrungen, dieser Schatz der frühen Kindheit ist bei den meisten Menschen nur noch als ein Gefühl wachrufbar, als ein Gefühl, das wir Sehnsucht nennen. Aber es ist eben – gerade weil es als grundlegende Erfahrung so früh im Hirn verankert wurde – ein sehr starkes Gefühl. Es lässt sich nicht herbeireden und auch nicht antrainieren. Es muss als Sehnsucht geweckt werden: durch Berührung.

Genau das ist es, was immer dann passiert, wenn Erwachsene, auch ältere Menschen, sich auf eine Begegnung mit Kindern einlassen. Kinder sind wie Spiegel. Sie zeigen uns und leben uns vor, was wir beim Erwachsen- und Älterwerden allzu oft und allzu leicht – und meist auch ohne es zu bemerken – verloren haben: in ihrer unbekümmerten Kreativität, ihrer Entdeckerfreude und Gestaltungslust, in ihrer unglaublichen, anfänglichen Offenheit und ihrer unbändigen Freude, mit der sie sich auf den Weg ins Leben machen – jedenfalls so lange, bis wir ihnen all das ausgetrieben haben.

Unsere Kinder sind also eigentlich der größte Schatz, den

wir besitzen, weil sie uns immer wieder daran erinnern, wie spannend und wundervoll das Leben sein kann – und auch wieder gemacht werden könnte.

Argumente für eine neue Beziehungskultur

Schätze kann man nur heben, wenn man sie entdeckt hat. Und damit wir die Schätze unserer Kinder – und dann vielleicht auch die Kinder unsere Schätze – entdecken können, müssten wir einander, müssten Kinder, Erwachsene und Senioren sich wieder neu begegnen, ohne Angst, ohne Vorurteile und ohne Überheblichkeit.

Das wird nur gelingen, indem wir einander mehr Mut machen, uns gegenseitig besser unterstützen und die Bemühungen des jeweils anderen häufiger mit Anerkennung würdigen. Wir müssten genau das zur Entfaltung zu bringen, was wir in der heutigen Zeit mehr als alles andere brauchen: mehr Verständnis füreinander und mehr Kreativität bei der Suche nach gemeinsamen Lösungen, mehr Zusammenarbeit bei der Umsetzung guter Ideen, auch mehr Zuversicht. Und etwas mehr Umsicht und Geduld, weil nicht alles, was in Gang gesetzt wird, wenn man sich wieder begegnet, auch sofort zu sichtbaren Effekten führt.

Wer Synergien zwischen Menschen erzeugen und nutzen will, muss in Beziehungen denken und in Beziehungsfähigkeit investieren. Das ist das Geheimnis der Kunst des Miteinander- und Aneinander-Wachsens.

Erreichen lässt sich dieses Kunststück aber nur durch die Wertschätzung des jeweils anderen als einzigartige Persönlichkeit, als Quelle von Wissen und Erfahrungen sowie durch die Einführung einer Lern- und Fehlerkultur im gelebten Miteinander, einer Kultur, in der Fehler als Lernchancen begriffen werden und in der Menschen aus unterschiedlichen Generationen und aus unterschiedlichen Kulturen dazu ermutigt werden, die in ihren jeweiligen Lebenswelten gemachten Erfahrungen auszutauschen. Nur so können sie auch über sich selbst hinauswachsen.

Das gilt sogar für die Wirtschaft und auch in der Politik: Wer nicht einfach nur mehr, sondern vor allem bessere Leistungen erbringen will, muss in Beziehungen denken und in Beziehungsfähigkeit investieren. Das ist das Geheimnis der Kunst des Überholens, ohne die anderen einzuholen (und als Verlierer zurückzulassen).

Aus „neurobiologischer" Perspektive macht alles, was Menschen daran hindert, solche Beziehungen einzugehen, ebenso wenig Sinn wie eine Trennung zwischen Denken und Fühlen oder die Abspaltung des Körpers vom Gehirn oder vom Geist. Verständlich werden all diese Trennungen erst dann, wenn man sie aus „soziologischer" Perspektive betrachtet, wenn man also danach fragt, welchen Sinn sie für den Zusammenhalt einer menschlichen Gemeinschaft und für das Überleben des Einzelnen in ihr machen. In einer von Leistungsdruck und Konkurrenzdenken geprägten Gesellschaft, in der man bereits als Kind dazu angehalten oder zumindest ermutigt wird, sein „Ich" durch die Abwertung und auf Kosten anderer zu stärken, sind solche Abgrenzungs- und Abspaltungsprozesse unvermeidlich. Wer unter solchen Bedingungen nicht schnell genug lernt, sich von anderen abzugrenzen, sein Denken und Fühlen, seinen Körper vom Gehirn und sein „Ich" vom „Wir“ abzutrennen, kann sich in einer solchen Gesellschaft nur schwer behaupten. Langfristig haben solche Einschränkungen der Beziehungsfähigkeit von Menschen bzw. der Konnektivität ihrer neuronalen Verschaltungen im Gehirn allerdings einen hohen Preis und fatale Folgen: Verlust der Offenheit und Kreativität, sich ausbreitende Verunsicherung und Angst, Zerfall sozialer Bindungen und Unterbrechung der transgenerationalen Weitergabe von Erfahrungen.

Das menschliche Gehirn ist auf Offenheit angelegt, und alles, was die Beziehungsfähigkeit von Menschen – zu sich selbst, zwischen ihrem Denken und Fühlen, zwischen Gehirn und Körper, aber auch zu anderen Menschen, zur eigenen Geschichte, zur Kultur und zur Natur – verbessert und stärkt, führt zwangsläufig zur Ausbildung einer größeren Konnektivität, zu einer intensiveren Vernetzung neuronaler Verschaltungen und damit auch zu einem komplexer ausgeformten Gehirn.

Wenn eine Gesellschaft langfristig bestehen und ihre Zukunft gestalten will, muss sie eine Beziehungskultur entwickeln, die diesem Prinzip der inneren Strukturierung des menschlichen Gehirns folgt.

Sigrun-Heide Filipp / Anne-Kathrin Mayer

Beziehungen zwischen den Generationen – Mythen im Spiegel der psychologischen Forschung

Facetten des Begriffs „Generation"

Der Generationenbegriff scheint in der aktuellen Diskussion um das demografische Altern unserer Gesellschaft zu den meistgebrauchten Begriffen zu gehören. Schon dieser Begriff „Generation" hat jedoch unterschiedliche Facetten und lässt sich aus unterschiedlichen Blickwinkeln beleuchten.[1] In seiner ursprünglichen Wortbedeutung verweist er auf die Weitergabe des Lebens an die Nachkommenschaft. Heute wird in unterschiedlicher Weise von Generationen gesprochen, wobei jeweils ein anderer Aspekt in den Vordergrund tritt:

1. Der Begriff wird oft verwendet, um die Abfolge der einzelnen Generationen innerhalb von Familien zu beschreiben: Eine Generation umfasst dann jeweils die Personen, die innerhalb dieser Abfolge jeweils die *gleiche Position* einnehmen (z. B. die Elterngeneration).
2. Man versteht ferner unter Generation eine Gruppe von Personen, die sich hinsichtlich ihres *Alters* weitgehend ähnlich sind, z. B. „die Jungen" und „die Alten". Dieser (indes sehr lose) an das Alter gebundene Generationenbegriff ist

[1] Vgl. auch Filipp & Mayer 1999.

am ehesten dann brauchbar, wenn man die Menschen hinsichtlich ihrer Stellung im Lebenslauf unterscheiden will. So lassen sich z. B. alle aus dem Erwerbsleben Ausgeschiedenen der Gruppe der „älteren Generation“ zuordnen.

3. Schließlich lassen sich als eine „Generation“ die Angehörigen bestimmter *Geburtsjahrgänge* verstehen, die sich von anderen Generationen dadurch unterscheiden, dass sie zu jeweils ähnlichen Alterszeitpunkten mit bestimmten *historischen Ereignissen oder Lebenslagen* konfrontiert waren. Zugleich unterstellt man, dass es sich um Vorgänge gehandelt hat, die diese Geburtsjahrgänge in besonderer Weise geprägt haben und sie zu „Schicksalsgemeinschaften" haben werden lassen. Spricht man beispielsweise von der „Kriegsgeneration", so meint man damit nur bestimmte Geburtsjahrgänge, die den Krieg und die Nachkriegszeit in einem vergleichbaren Alter erlebt haben, z. B. die jungen Soldaten, deren schulische Laufbahn unterbrochen wurde, oder die „Trümmerfrauen“.

Wir können demnach höchst Unterschiedliches meinen, wenn wir von „Generationenbeziehungen“ sprechen. In der aktuellen politischen Debatte (z. B. über „Mehrgenerationenhäuser“) geht es vor allem um die *gelebten persönlichen* Beziehungen zwischen „Jung“ und „Alt“ innerhalb, insbesondere jedoch außerhalb der Familien. Ist hingegen vom „Generationenverhältnis“[2] die Rede oder wird erörtert, wie die sozialen Sicherungssysteme zwischen den Generationen gerecht ausgestaltet werden können, so sind Generationen-„Beziehungen“

---

[2] Schütze 1997.

stets als solche zwischen *abstrakt definierten Gruppen* gedacht.

Wendet man sich nun der Frage nach „den" Beziehungen zwischen den Generationen zu, so kommen „Mythen" und „Märchen" über das Alter ebenso ins Spiel wie politisch oder gar ideologisch motivierte Drohbilder vom „Krieg der Generationen". Letztere mögen dabei verknüpft sein mit einer verklärten Sicht auf das (vermeintlich) früher bessere Generationenverhältnis und Klagen über den Verlust des Idylls der Mehrgenerationenfamilie. Nüchternere Zustandsbeschreibungen der gesellschaftlichen Wirklichkeit heben demgegenüber weniger auf das Zusammenleben der Generationen ab, sondern betonen die zunehmende Individualisierung, die sich in der Gestaltung der Lebensläufe Einzelner niederschlägt, sich jedoch auch auf die gelebten Generationenbeziehungen auswirkt.

Allerdings wird in der öffentlichen Diskussion oft übersehen, dass aufgrund des demografischen Wandels, insbesondere der gestiegenen Lebenserwartung, noch zu keiner Zeit so viele Altersgruppen mit- und nebeneinander gelebt haben. Und auch innerhalb von Familien war die *gemeinsame Lebensspanne*, d. h. die Lebenszeit, die Generationen miteinander verbringen, noch nie so groß wie heute: Familien umfassen drei oder vier, zuweilen sogar fünf Generationen, und die miteinander verbrachte Lebenszeit zweier benachbarter Generationen (z. B. Eltern und Kinder) kann mitunter 70 Jahre und mehr umfassen.

So widersprüchlich diese Sichtweisen, so vielschichtig ist auch das Wissen über Generationenbeziehungen, welches die empirische Forschung hervorgebracht hat. Im Folgenden werden wir daher einige im Alltag gelegentlich anzutreffende Behauptungen – hier als „Mythen“ bezeichnet – über die Beziehungen der Generationen aus sozialwissenschaftlicher Sicht beleuchten. Auf diese Weise möchten wir verdeutlichen, welche Barrieren sich „gelebten“ Generationenbeziehungen in den Weg stellen können, aber auch, welche Potenziale sich in diesen Beziehungen erkennen lassen.

Sechs „Mythen" über aktuelle Generationenbeziehungen

1. „Alt und Jung leben in getrennten Welten.“

Aus soziologischer Perspektive wurde häufig argumentiert, dass Beziehungen zwischen den Generationen – vor allem außerhalb von Familien – gar nicht erst eingegangen werden könnten, weil es kaum Möglichkeiten der Begegnung zwischen Jung und Alt gebe.[3] Wenn Generationen relativ unverbunden in „eigenen Welten“ leben, bezeichnet man dies auch als Alterssegregation. So werde eine *institutionelle Alterssegregation* insbesondere an der Dreiteilung des menschlichen Lebenslaufs in die Bereiche Bildung, Beruf und Freizeit erkennbar. *Räumliche Alterssegregation* zeige sich in der Existenz altershomogener Wohn- und Lebensumwelten, die sich aus Menschen zusammensetzen, die ein gleiches oder zumindest sehr ähnliches Alter haben. Diese Wohnumwelten werden mitunter „künstlich“ geschaffen (z. B. Studierendenwohn-

---

[3] Z. B. Hagestad & Uhlenberg 2006.

heime oder Pflegeeinrichtungen), ergeben sich aber oft auch aus „natürlichen Veränderungen“ von ursprünglich altersdurchmischten Nachbarschaftsstrukturen (z. B. in ursprünglich von jungen Familien bezogenen Wohnvierteln, in denen nach dem Wegzug der Kinder aus dem Elternhaus nur noch die Elterngeneration verbleibt). *Kulturelle Alterssegregation* schließlich meint die Herausbildung altersspezifischer „Subkulturen“, deren Mitglieder besondere Lebensformen, Interaktionsmuster, ja sogar eine eigene Sprache entwickeln.

Gestützt wird diese Argumentation durch Daten aus groß angelegten, repräsentativen Erhebungen. Diese belegen, dass soziale Netzwerke in Deutschland ebenso wie auch in anderen industrialisierten Ländern außerordentlich altershomogen sind.[4] Wird etwa gefragt, mit wem man in letzter Zeit ein Gespräch über persönliche Dinge geführt habe oder mit wem man häufig seine Freizeit verbringe, so sind die genannten Personen in der Regel nicht mehr als ca. fünf Jahre älter oder jünger als die Befragten. Außerhalb von Familien existieren Beziehungen zwischen den Generationen so gut wie nicht, zumindest nicht solche, die von den Beteiligten freiwillig eingegangen werden (z. B. Freundschaften). So berichten Uhlenberg und De Jong-Gierveld (2004) aus einer niederländischen Studie, dass weniger als 10 Prozent der befragten über 65-Jährigen angegeben hätten, regelmäßige persönliche Kontakte zu (mindestens) einer unter 35-jährigen Person außerhalb der Familie zu pflegen.

Ein anderes Bild ergibt sich, wenn innerfamiliale Generationenbeziehungen in den Blick genommen werden. Den Daten

---

4 Zum Überblick vgl. Filipp & Mayer, 1999.

des Alterssurvey 2002[5] zufolge leben lediglich 6 Prozent der 70- bis 85-Jährigen mit einem ihrer Kinder in einem gemeinsamen Haushalt, und Drei-Generationen-Haushalte sind äußerst selten. Dennoch berichteten nach wie vor mehr als zwei Drittel der Befragten, die Kinder hatten, dass mindestens eines dieser Kinder im gleichen Ort, der unmittelbaren Nachbarschaft oder im gleichen Haus lebte. Selbst wenn eine hohe Wohnentfernung gegenseitige Besuche nicht zulässt, bestehen meist enge Kontakte zwischen den Generationen. Nahezu 90 Prozent der 70- bis 85-Jährigen gaben an, eines ihrer Kinder zumindest wöchentlich zu sehen oder zu sprechen. Verglichen mit Daten aus dem Jahre 1996 zeigte sich zwar eine leichte Zunahme der Wohnentfernung und ein verringerter Anteil von Eltern-Kind-Paaren mit „täglichem" Kontakt. Dennoch sprechen die Befunde dafür, dass von einer Auflösung der intrafamilalen Generationenbeziehungen keine Rede sein kann.

Dennoch bestehen auch außerhalb von Familien vielfältige Begegnungsmöglichkeiten zwischen Jung und Alt. So treffen Menschen in der nachberuflichen Lebensphase z. B. im Rahmen eines Seniorenstudiums auf junge Erwachsene oder sie bringen ihr berufliches Wissen in Senior-Experten-Dienste ein. Auch in Vereinen, Verbänden, politischen Gruppierungen oder Kirchengemeinden finden sich prinzipiell zahlreiche gemeinsame Aktionsräume für Jung und Alt. Es gilt daher weiter zu fragen, warum aus diesen Begegnungsmöglichkeiten offenbar nur selten tragfähige und dauerhafte *persönliche* Beziehungen zwischen den Generationen hervorgehen.

---

[5] Hoff 2006.

2. *„Alt und Jung haben kein Interesse am Kontakt zueinander."*

Einige Argumente sprechen dafür, Altersverschiedenheit generell als eine ungünstige Voraussetzung für den Aufbau von Beziehungen anzusehen. So werden Beziehungen, die auf Freiwilligkeit beruhen, oft nach dem Prinzip der wahrgenommenen Ähnlichkeit eingegangen (*„Gleich und gleich gesellt sich gern"*). Entsprechend sind Freunde einander hinsichtlich vieler soziodemografischer (z. B. Alter, Bildungsniveau) wie auch psychologischer Merkmale (z. B. Interessen, Meinungen und Wertorientierungen) sehr viel ähnlicher, als dies bei einer rein zufälligen Zuordnung von Personen der Fall wäre.[6] Da aus Sicht der Beteiligten ein Austausch mit Gleichaltrigen oft leichter fällt, weil ein größerer Vorrat an gemeinsamen Interessen und Anliegen besteht, mag hierin auch eine Erklärung dafür liegen, dass soziale Netzwerke eine so hohe Altershomogenität aufweisen. Zudem deuten psychologische Experimente indirekt darauf hin, dass bereits Kleinkinder gegen Ende des ersten Lebensjahres dazu neigen, den Kontakt zu Gleichaltrigen zu bevorzugen: Wenn den Kindern Filme mit Personen unterschiedlichen Alters gezeigt wurden, fixierten die Kinder Gleichaltrige länger mit ihren Blicken als Erwachsene.[7]

Daneben lassen sich Überlegungen heranziehen, wie sie Carstensen[8] im Rahmen ihrer „sozio-emotionalen Selektivitätstheorie" formuliert hat. Diese geht von der Annahme aus, dass die Bedürfnisse, die Menschen in sozialen Bezie-

[6] Zum Überblick vgl. Filipp & Mayer 1999.
[7] Sanefuji, Ohgami & Hashiya 2006.
[8] Z. B. Carstensen, Isaacowitz & Charles, 1999.

hungen zu befriedigen versuchen, sich über den Lebenslauf hinweg verändern. Im jüngeren Alter sollen durch die sozialen Beziehungen v. a. Informationen gewonnen werden, die die eigene Selbst- und Weltsicht erweitern. Wenn der Kontakt mit älteren Menschen derartige Bedürfnisse nicht zu befriedigen verspricht (z. B. weil das Wissen der Älteren als irrelevant angesehen wird), soll der Kontakt mit ihnen nicht aktiv aufgesucht werden. Im höheren Alter hingegen sollen sich die Bedürfnisse vermehrt auf die Sicherung des eigenen emotionalen Wohlbefindens richten. Diese Bedürfnisse werden vor allem durch solche Personen befriedigt, zu denen eine länger andauernde, von Vertrauen geprägte Beziehung besteht. Hierbei handelt es sich oft um den Ehepartner, aber auch um die eigenen Kinder und ggf. Enkelkinder.[9] Das Eingehen neuer (intergenerationeller) Beziehungen soll für ältere Menschen jedoch dann attraktiv erscheinen, wenn aus diesen Beziehungen die Hoffnung auf einen emotionalen „Gewinn" erwächst. Dies kann etwa dann der Fall sein, wenn Ältere als Mentoren oder Unterstützer Jüngerer fungieren oder sich auf andere Art als „generativ" erweisen, d. h. ihr Erfahrungswissen, ihre Wertvorstellungen oder materielle Güter an die nachfolgenden Generationen weitergeben.[10] Aus diesem Handeln mögen sich die Älteren (unter anderem) Wertschätzung seitens der Jüngeren erhoffen, aus der wiederum Stolz und Zufriedenheit mit Blick auf die eigene Lebensleistung sowie letztlich ein gesteigertes Wohlbefinden resultieren sollen.

---

9 Z. B. Ferring & Filipp 1999.
10 Z. B. Lang & Baltes 1997.

Zu diesen Überlegungen passt auch, dass gerade ältere Menschen in Befragungen angeben, altersdurchmischte Lebensumgebungen gegenüber altershomogenen zu bevorzugen.[11] Bei jüngeren Menschen erscheint diese Bevorzugung deutlich weniger ausgeprägt. Daten aus dem Alterssurvey zum ehrenamtlichen Engagement belegen außerdem, dass Ältere vorwiegend in „altersunspezifischen" Vereinen, Organisationen und Institutionen (z. B. Kirchengemeinde, Sportverein) tätig sind und nur selten in reinen „Seniorengruppen". Hier lassen sich also Versuche der Älteren sehen, sich in altersgemischten Umwelten zu bewegen und diese mitzugestalten. Lässt sich aus diesen Befunden folgern, dass es in erster Linie die Älteren sind, die den Kontakt zu Jüngeren suchen, um ihre eigenen Bedürfnisse zu befriedigen, während die Jüngeren von intergenerationellen Kontakten nicht profitieren und folglich kein Interesse am Eingehen entsprechender Beziehungen haben?

3. *„Alte Menschen sind egozentrisch, sie haben primär ihre eigenen Bedürfnisse im Blick."*

Der Gedanke, dass unterstützendes, „prosoziales" Handeln nicht „rein altruistisch", d. h. selbstlos und ausschließlich auf das Wohlergehen des anderen gerichtet ist, sondern auch der Selbstwertsicherung und der Regulation des eigenen Wohlbefindens dient, wird in der sozialpsychologischen Literatur umfassend diskutiert .[12] Ganz im Sinne der Redewendung, wonach „Geben seliger denn Nehmen" sei, scheint es für das

---

[11] Z. B. Ward, LaGory & Sherman 1985.

[12] Z. B. Penner, Dovidio, Pilliavin & Schroeder 2005.

Wohlbefinden und sogar die Langlebigkeit älterer Menschen günstig zu sein, wenn sie – aus ihrer Sicht – mehr Unterstützung für andere Menschen leisten, als sie selbst von diesen erhalten.[13]

Darüber hinaus lassen sich jedoch zahlreiche Belege dafür anführen, dass ältere Menschen direkt oder indirekt zum Wohle anderer (jüngerer) Menschen handeln. Als ein Beispiel sind finanzielle Transfers von Alt nach Jung zu nennen, die in nicht unerheblicher Höhe erfolgen, lange bevor die offiziellen Erbschaften angetreten werden. Nach dem Alterssurvey haben über ein Drittel der 40- bis 85-Jährigen „in den vergangenen zwölf Monaten" Geld- und Sachgeschenke getätigt (aber kaum selbst welche erhalten). Der Gesamtwert dieser Geschenke im Jahre 2002 wurde auf 32,5 Milliarden Euro hochgerechnet, von denen 21,5 Milliarden Euro den eigenen Kindern zuflossen.[14] Als ein weiteres Beispiel lässt sich ehrenamtliches und bürgerschaftliches Engagement im Alter anführen. Dieses wird oft gezeigt, um den Wegfall der eigenen „Produktivität", wie sie durch die Teilnahme am Erwerbsleben vermittelt worden war, auszugleichen und/oder neue Tätigkeitsfelder für sich zu eröffnen. Daten des Alterssurvey zum „traditionellen" Ehrenamt zeigen, dass (noch) 9 Prozent der 70- bis 85-Jährigen sich ehrenamtlich engagieren.[15] Auch Feldstudien belegen, dass alte Menschen häufiger bereit waren, für einen sozialen Zweck zu spenden. In einer Folgestudie spendeten sie zudem höhere Beträge, wobei hier

---

[13] Brown, Nesse, Vinokur & Smith 2003.

[14] Motel-Klingebiel 2006.

[15] Künemund 2006.

die Höhe des Einkommens bzw. Vermögens mit kontrolliert wurde.[16]

Zahlreiche weitere Studien deuten auf „Positivitäts-Effekte“ in den Urteilen älterer Menschen hin: Ältere sind ihren Mitmenschen (nicht nur innerhalb von Familien) gegenüber milde, verträglich und positiv gestimmt,[17] sie erleben seltener als Jüngere negative Gefühlszustände und sind offenbar besser in der Lage, diese auch unter ungünstigen Umständen (z. B. in Konfliktsituationen) zu regulieren und dadurch eine Eskalation von Streitigkeiten zu verhindern.[18] In der Summe spricht somit vieles gegen die Annahme, alte Menschen seien egozentrisch und ausschließlich an ihrem eigenen Wohlergehen interessiert.

4. „Alt und Jung können heute nichts mehr voneinander lernen.“

„Gut ist, was modern und neu ist“ – so ließe sich die Werteorientierung umschreiben, die sich hinter der plakativen Rede vom „Jugendlichkeitskult“ oder gar „Jugendwahn“ verbirgt. Nun mag diese Werteorientierung nicht gänzlich neu sein, denn wie hätte Fortschritt eintreten können, wenn sich vorherige Generationen lediglich auf überliefertes Wissen gestützt, dieses aber ihrerseits nicht weiterentwickelt hätten. Cuddy und Fiske ziehen denn auch aus zahlreichen kulturvergleichenden Studien den Schluss, eine zunehmende „Altersdiskriminierung“ im Sinne sozialer Ausgrenzung älterer Menschen

---

[16] Midlarsky & Kahana 1994.

[17] Winkeler, Filipp & Boll 2000; Mather & Carstensen 2005.

[18] Birditt & Fingerman 2005.

sei überall dort zu beobachten, wo die „globale Modernisierung“ Einzug gehalten habe. Als Folge hiervon finde eine Abwertung älterer Menschen statt, da deren Wissen nicht mehr gebraucht werde.

Zugleich verfügen ältere Menschen heute nicht mehr wie selbstverständlich über diejenigen Fertigkeiten, die unerlässlich für eine selbstständige Alltagsbewältigung sind. Als Beispiel mag dienen, dass die Zugänglichkeit aktueller Informationen immer häufiger an das Beherrschen neuer Technologien geknüpft ist, z. B. wenn Hintergrundwissen zum Thema einer TV-Sendung ausschließlich über das Internet abgerufen werden kann oder telefonische oder briefliche Kontakte zunehmend durch den Austausch von E-Mails ergänzt oder gar ersetzt werden. Lehnen ältere Menschen diese Entwicklungen ab oder sind sie (z. B. aufgrund abnehmender geistiger Fähigkeiten) nicht mehr in der Lage, sich entsprechende Fertigkeiten anzueignen, so kann dies in der Tat zu einer Schwächung der gemeinsamen Kommunikationsbasis von Jung und Alt führen. Dies wiederum kann – so steht zumindest zu befürchten – dazu beitragen, dass bei den jüngeren Menschen negative Bilder von „den Alten“ erzeugt oder verstärkt werden.

Angesichts dieser Befunde lässt sich die pauschale Behauptung kaum mehr aufrechterhalten, der „Nutzen“ älterer Menschen für jüngere bestehe darin, diese bei der Bearbeitung aktueller Probleme durch die Weitergabe von Lebenserfahrung zu unterstützen. Es gilt vielmehr zu konkretisieren, *welche* Erfahrungen älterer Menschen für jüngere (noch) bedeutsam sein können und in welcher Form und unter welchen sonstigen Rahmenbedingungen diese Erfahrungen so in den intergenerationellen Kontakt einfließen können, dass dieser für beide Seiten gewinnbringend wird.[19] Daneben ist zu beachten, dass sich durch den beschriebenen Wandel auch die traditionell an die Generationszugehörigkeit gebundenen Rollen von Lernenden und Lehrenden teilweise umkehren: Waren ursprünglich die Alten die Lehrer oder Mentoren der Jungen, erwerben nunmehr ältere Menschen - sofern sie ein entsprechendes Interesse zeigen - Wissen und Fertigkeiten von Jüngeren. Eine wichtige Aufgabe künftiger Forschung besteht darin zu überprüfen, was diese Rollenumkehr für die Qualität der Generationenbeziehungen, für das Selbstwertgefühl und Wohlbefinden der Generationen und für ihre Bilder voneinander bedeutet.

5. „Alt und Jung haben ein einseitig negatives Bild voneinander."

Negative Bilder der Generationen voneinander, sog. Stereotype, die mit negativen Einstellungen zu der jeweils anderen Generation verknüpft sind, werden vielfach als zentrale Barriere angesehen, welche die Entstehung wechselseitig befriedigender Generationenbeziehungen verhindere. In bisherigen Studien hat sich allerdings nicht nachweisen lassen, dass ältere Menschen ein negatives Jugendstereotyp besitzen. Das Bild älterer Menschen von Jugendlichen erwies sich vielmehr als vorwiegend positiv getönt.[20] Hinzu kommt, dass ältere Menschen - statt „die Jugend" als einheitliche soziale Gruppe

[19] Kessler 2005.

[20] Pinquart & Schönbrodt 1997.

aufzufassen – dazu zu neigen, Jugendliche in verschiedene „Subtypen", also Untergruppen, zu unterteilen.[21] Die Mehrzahl der Untergruppen Jugendlicher war dabei durch positive Eigenschaften (z. B. „freundlich", „hilfsbereit", „zielstrebig") gekennzeichnet. Die wenigen negativen Subtypen, die von den Älteren gebildet wurden, wurden zudem in einer zweiten Studie als eher untypisch für die „Jugend von heute" eingeschätzt.

Weniger eindeutig sind die Befunde zum Altersstereotyp, also dem allgemeinen Bild über „die Alten". Dieses umfasst auf den ersten Blick sowohl negative Aspekte (z. B. Krankheit, Gebrechlichkeit, verminderte Flexibilität und reduzierte Lernfähigkeit) als auch positive Aspekte(z. B. Weisheit, Lebenserfahrung, moralische Integrität).[22] Sollen – wie in den beschriebenen Studien zum Jugendstereotyp – ältere Menschen in verschiedene Subtypen unterteilt werden, neigen Erwachsene aller Altersgruppen dazu, überwiegend Gruppen mit eher negativen Eigenschaften (z. B. der unfreundliche, zänkische „Griesgram") zu bilden. Dennoch finden sich auch Untergruppen Älterer, denen mehrheitlich positive Eigenschaften (z. B. die freundliche, liebevolle und warmherzige „perfekte Großmutter") zugeschrieben werden.[23] Wir sehen also: Das Bild über *den* alten Menschen ist durchaus vielfältig, sodass Cuddy und Fiske (2002) auch unter Rückgriff auf Daten aus verschiedenen westlichen und östlichen Kulturen zu dem Ergebnis kommen, dass die Bewertung, die in dem Altersstereotyp zum Ausdruck kommt, nicht eindeutig negativ, sondern eher „eva-

---

21 Matheson, Collins & Kuehne 2000.

22 Palmore 1999.

23 Hummert, Garstka, Shaner & Strahm 1994.

luativ gemischt" sei. Demnach werden ältere Menschen– vergleichbar mit körperlich oder geistig behinderten Menschen – in der Dimension „Kompetenz" eher negativ (d. h. als „wenig kompetent"), in der Dimension „Wärme" aber positiv eingestuft.

Trotz der Vielschichtigkeit des Altersbildes belegt eine sog. Metaanalyse,[24] bei der die Ergebnisse von insgesamt 232 Studien zusammengefasst wurden, eindrucksvoll, dass Altersbilder insgesamt eine deutlich negative Tönung aufweisen. Insbesondere wird älteren Menschen weniger Kompetenz und Attraktivität zugeschrieben als jüngeren. Ein Problem dieser Forschungsarbeiten besteht jedoch darin, dass bewusste Urteile über andere Menschen vielfältigen Einflüssen unterliegen. Beispielsweise sind negative Beurteilungen einer bestimmten Personengruppe in der Regel sozial unerwünscht und werden daher in Befragungen nicht offen geäußert. Um diese Problematik zu umgehen, hat man in einfallsreichen Experimenten auch unbewusste („implizite") Altersbilder aus dem Verhalten von Personen, z. B. ihren Reaktionszeiten oder Gedächtnisleistungen, zu erschließen versucht. In entsprechenden Experimenten wird z. B. das Wort „alt" auf einem Computerbildschirm nur so kurz gezeigt, dass die Versuchspersonen es nicht bewusst erkennen und ablesen können, sondern nur als ein Flackern auf dem Bildschirm wahrnehmen. Im Anschluss werden beispielsweise (nunmehr klar lesbare) Buchstabenketten auf dem Bildschirm gezeigt. Die Versuchspersonen sollen per Tastendruck angeben, ob es sich bei diesen Buchstaben um ein Wort handelt oder nicht. Typischerweise ergibt sich hier, dass negative Wörter (z. B. „traurig",

---

24 Kite, Stockdale, Whitley & Johnson 2005.

„schlecht") schneller erkannt werden können als positive Wörter (z. B. „froh", „gut"). In Gedächtnisexperimenten hat sich ferner gezeigt, dass in Verbindung mit dem Begriff „alt" negative Informationen besser behalten werden als positive. Wird das Wort „jung" eingeblendet, finden sich diese Effekte nicht!

Die mit solchen Verfahren gewonnenen Ergebnisse[25] untermauern den Befund, dass der Begriff „alt" bei den meisten Menschen eher negative Assoziationen hervorruft. Entsprechende negative Sichtweisen des Alters haben sich auch bei älteren Menschen selbst nachweisen lassen, wie vor allem solche neueren Studien zeigen, die sich ebenfalls „impliziter" Messungen des Altersstereotyps bedient haben. Als weiteres Indiz kann die bei Älteren weit verbreitete Neigung gewertet werden, sich selbst nicht als „alt" zu definieren. Ebenso deutet die mit dem Alter zunehmende Tendenz, sich jünger zu fühlen, als es dem kalendarischen Alter entspricht, auf eine Distanzierung von der Selbstdefinition als „alt" hin.

Für die Gestaltung „gelebter" Generationenbeziehungen bedeutet die Existenz der beschriebenen Bilder, dass sie die Tendenz vor allem jüngerer, aber auch älterer Menschen verstärken können, sich von Älteren zu distanzieren und den Kontakt mit ihnen zu vermeiden. Allerdings finden Altersstereotype ihren Ausdruck weniger in feindseliger Abgrenzung, wie dies z. B. für rassistische Diskriminierungen typisch ist. Sie drücken sich vielmehr in Form übersteigerter Bemühungen um Anpassung an die vermeintlichen Kompetenzdefizite älterer Menschen aus. Beispielsweise neigen jüngere Menschen dazu, älteren Menschen bestimmte Aufgaben auch dann ab-

---

[25] Zum Überblick vgl. Hess 2006.

zunehmen oder sie darin zu unterstützen, wenn die Älteren die entsprechenden Aktivitäten auch noch selbstständig ausführen könnten.[26] Als weiteres Beispiel lassen sich sog. „bevormundende Sprechmuster" gegenüber älteren Menschen anführen, die z. B. durch starke Vereinfachungen der Sprache, übertriebene Betonung und hohe Lautstärke gekennzeichnet sind.[27] Solche – durchaus „mit guter Absicht" gezeigten und durch Mitgefühl motivierten – Verhaltensweisen wirken sich abträglich auf das Selbstwertgefühl der Älteren und auch auf ihre Fähigkeit aus, den Alltag selbstständig zu meistern, und sie können auf diesem Weg das negative Altersstereotyp weiter verfestigen. Zwar deuten erste Studien an, dass ältere Menschen ihrerseits durch ein selbstsicheres Auftreten diesen Teufelskreis durchbrechen können.[28] Es mangelt aber bislang an gesicherten Erkenntnissen dazu, wie sie sich am geschicktesten verhalten sollten, um sich den Respekt ihrer jüngeren Interaktionspartner zu sichern, ohne aber zugleich deren Wertschätzung und Sympathie zu verlieren.

6. „Allein Familienbande sind der Kitt, der Alt und Jung noch zusammenhält."

Die Annahme, familiale Generationenbeziehungen seien durch ausgeprägte positive *Emotionen* (z. B. Dankbarkeit, Bindung, Liebe) getragen und wiesen einen hohen Grad an Verlässlichkeit auf, wird durch vielfältige Belege gestützt: Sie verweisen durchweg auf die hohe erlebte Verbundenheit und emotionale

[26] Baltes, Wahl & Reichert 1991.
[27] Mayer 2002.
[28] Ryan, Kennaley, Pratt & Shumovich 2000.

Nähe von Eltern und Kindern. Nach Daten des Sozioökonomischen Panels beurteilen nahezu 90 Prozent der befragten Eltern die Beziehungen zu ihren Kindern als eng oder sehr eng, während umgekehrt ca. 75 Prozent der Kinder eine enge oder sehr enge Beziehung zu den Eltern angeben.[29]

Generationenbeziehungen innerhalb der Familie sind ferner durch intensive wechselseitige Unterstützung charakterisiert. Diese „Familienzentriertheit" sozialer Netze tritt um so ausgeprägter zu Tage, je stärker ältere Menschen auf die Hilfe Jüngerer angewiesen sind. Der Austausch von Unterstützungsleistungen beruht zum einen auf positiv getönten emotionalen Bindungen, zum anderen aber auch auf Normen der „intergenerationellen Solidarität".[30] Diese Normen spiegeln wider, inwieweit Menschen in ihren Generationenbeziehungen eine Verpflichtung zu wechselseitig unterstützendem Handeln wahrnehmen. Daatland und Herlofson (2003) fanden in einer kulturvergleichenden Untersuchung, dass die Ausprägung dieser Normen zwar in Deutschland (ebenso wie in England und Norwegen) vergleichsweise geringer war als in Spanien und Israel, jedoch in allen Staaten eine entsprechende Verpflichtung von Alt und Jung gesehen wird. Innerhalb von Familien ließ sich durch die Ausprägung solcher Normen der „filialen Verantwortlichkeit" vorhersagen, wie viel Unterstützung erwachsene Kinder ihren Eltern zuteil werden ließen, sobald sich deren Gesundheitszustand verschlechterte.[31]

Eine weitere Norm, der soziale Beziehungen unterliegen, ist die Reziprozitätsnorm, die besagt, dass innerhalb einer Be-

---

[29] Szydlik 1995.

[30] Bengtson & Harootyan 1994.

[31] Silverstein, Gans & Yang 2006.

ziehung Geben und Nehmen in einem ausgewogenen Verhältnis zueinander stehen müssen. Ob der Austausch als gleichgewichtig erlebt wird oder nicht, hängt vorwiegend von den *subjektiven, persönlichen* Einschätzungen der beteiligten Personen ab (z. B. ihren bisherigen Erfahrungen und ihren Erwartungen an den wechselseitigen Austausch). Die objektiven, *tatsächlichen* Austauschverhältnisse sind demgegenüber weitgehend irrelevant für die Beurteilung des Austauschs und für deren Konsequenzen. Während diese Norm jedoch für das Verständnis extrafamilialer Beziehungen – ganz gleich ob zwischen Jung und Alt oder zwischen Gleichaltrigen – zentral ist, spielt sie in intrafamilialen Generationenbeziehungen allenfalls eine untergeordnete Rolle. Wenn sie doch aufscheint, so geschieht dies im Sinne zeitlich verschobener Reziprozität:[32] Erwachsene Kinder geben ihren alten Eltern zurück, was sie von diesen in ihren Kindheit erhalten haben. Darüber hinaus hat sich erwiesen, dass erwachsene Kinder ihren alten Eltern im Bedarfsfall (z. B. bei einer Verschlechterung des Gesundheitszustands) selbst dann zunehmend Hilfe leisteten, wenn die Unterstützungsbeziehungen im bisherigen Entwicklungsverlauf nur sehr lose gestaltet waren.[33] Dieser Befund mag für eine gewisse „selbstlose" oder an Verpflichtungsnormen gebundene Unterstützungsbereitschaft der jüngeren Generation sprechen. Daneben kann angenommen werden, dass hohe „Investitionen", die in früheren Lebensabschnitten von Eltern in ihre Kinder getätigt wurden, im Sinne „zeitverschobener Reziprozität" die Wahrscheinlichkeit erhöhen, von den Kin-

[32] Antonucci 1990.

[33] Silverstein, Conroy, Wang, Giarrusso & Bengtson, 2002.

dern im höheren Alter umfangreiche und verlässliche Unterstützung zu erhalten.

Während die vorgenannten Befunde für eine ausnehmend hohe Qualität der intrafamilialen Generationenbeziehungen sprechen, darf nicht völlig ausgeblendet werden, dass auch in diesen Beziehungen negative Aspekte zutage treten können. Auch innerhalb von Familien finden sich Hinweise auf Meinungsverschiedenheiten und intergenerationelle Konflikte.[34] Krankheiten einzelner Familienmitglieder oder zunehmende Gebrechlichkeit der älteren Angehörigen können zudem die Qualität von Familienbeziehungen belasten und die Beziehungszufriedenheit der Beteiligten mindern.[35] In den wechselseitigen Unterstützungsbeziehungen kann zudem eine Überforderung der Helfenden eintreten, die bis hin zu körperlicher oder emotionaler Misshandlung oder zur Vernachlässigung der (älteren) Angehörigen führen kann.[36]

In jüngerer Zeit wird daher zunehmend die Ansicht vertreten, dass das Wesen von Generationenbeziehungen gerade innerhalb der Familie am besten durch „Ambivalenz" zu charakterisieren sei.[37] Als „Ambivalenz" wird – vereinfacht ausgedrückt – ein Spannungsverhältnis gleichzeitig vorhandener positiver und negativer Empfindungen der Familienmitglieder füreinander bezeichnet. Allerdings schließt die Rede von „Ambivalenz" in einer Beziehung auf der Ebene konkreten Handelns nicht aus, dass dieses primär von „guten Absichten" geleitet ist. Zudem sind auch – vielleicht sogar gerade – Bezie-

---

[34] Aymanns & Filipp 2000.
[35] Kaufman & Uhlenberg 1998.
[36] Lang & Carstensen 1998.
[37] Pillemer & Lüscher 2003.

hungen, in denen gelegentlich Meinungsverschiedenheiten erlebt und offengelegt werden, nicht zwangsläufig als problematisch anzusehen. Die Fähigkeit, intergenerationelle Dissense miteinander zu thematisieren und zu klären, kann vielmehr auch als ein Merkmal tragfähiger und langfristig verlässlicher Generationenbeziehungen gewertet werden.

Fazit

Der demografische Wandel stellt die Gesellschaft vor die große Herausforderung, das Verhältnis zwischen den Generationen in gerechter und wechselseitig fürsorglicher Weise zu gestalten. Um diese Herausforderungen angemessen bewältigen zu können, erscheint es uns wichtig, verbreitete „Mythen" über Generationenbeziehungen im Lichte der bisherigen Forschung zu betrachten und ggf. zu widerlegen oder zumindest zu differenzieren.

Will man die derzeit „gelebten" Generationenbeziehungen innerhalb unserer Gesellschaft charakterisieren, so fallen diese Beurteilungen sehr unterschiedlich aus, wenn man Beziehungen innerhalb oder außerhalb der Familie in den Blick nimmt. Betrachtet man zunächst die Beziehungen innerhalb der Familie, so scheinen diese in der überwiegenden Zahl der Fälle lebendig gestaltet zu sein, sie zeugen – trotz mancher Ambivalenzen und konflikthafter Auseinandersetzungen – von tiefer wechselseitiger Verbundenheit und emotionaler Nähe und sie bieten ein verlässliches Unterstützungsnetzwerk in Krisensitutionen. Familien erlauben den Generationen die Erfahrung von gegenseitiger Nützlichkeit, von Brauchen und

Gebrauchtwerden, das Erlernen von Fähigkeiten im Umgang miteinander und das Kennenlernen von Sichtweisen der jeweils anderen Generation.

Da in der Zukunft die Zahl alleinstehender und kinderloser älterer Menschen zunehmen wird, müssen bei der Frage nach künftigen Generationenbeziehungen jedoch gerade die Beziehungen außerhalb von Familien beachtet werden. Auch für diese Beziehungen gilt sicherlich, dass Jung und Alt prinzipiell in vielfältiger Weise voneinander profitieren können:[38] Die Generationen können von- und miteinander lernen, und sie können sich auf vielfältige Weise und nach Maßgabe ihrer jeweiligen Fähigkeiten gegenseitig unterstützen. Indem die Generationen im Umgang miteinander ihre Gemeinsamkeiten und Unterschiede (neu) entdecken, kann auf beiden Seiten ein tieferes Verständnis füreinander und darüber hinaus die Akzeptanz der Vielfalt menschlicher Lebensformen wachsen. Trotz dieser möglichen Gewinne für beide Seiten werden jedoch Beziehungen zwischen Jung und Alt außerhalb der Familie nur selten aktiv gesucht und eingegangen. Wie beschrieben wurde, lässt sich dies auf zahlreiche sozial-strukturelle, vor allem aber individuelle Barrieren zurückführen. Die Voraussetzungen für das Anknüpfen solcher Beziehungen aufseiten älterer Menschen sind dabei als eher günstig zu beschreiben: Ältere äußern ein höheres Interesse an intergenerationellen Kontakten, ihr Bild von der anderen Generation erscheint weniger negativ, und sie zeigen ausgeprägte prosoziale Motivation (z. B. Hilfsbereitschaft) und eine hohe Fähigkeit zur Regulation sozialer Beziehungen, die auch mit zunehmender

---

[38] Vgl. bereits Krappmann, 1997.

Weisheit und Lebenserfahrung in Verbindung gebracht werden kann.

Aufseiten jüngerer Menschen stellt demgegenüber vor allem das Altersstereotyp ein wichtiges Hindernis dar, das der Aufnahme von Beziehungen zu Älteren im Wege steht. Das Altersstereotyp unterscheidet sich sicherlich insofern von anderen Stereotypen, als es weniger Feindseligkeit und Distanzierung nach sich zieht als vielmehr übersteigerte Hilfsbereitschaft bis hin zur Bevormundung Älterer. Dennoch erschweren auch derartige „mitleidige Stereotypisierungen" die Aufnahme gleichberechtigter und beiderseits befriedigender Beziehungen. Dies erscheint insofern bedeutsam, als bisherige Studien[39] belegen, dass das Altersstereotyp bereits von früher Kindheit an erworben wird und dann nur noch sehr schwer zu verändern ist. Interventionsmaßnahmen zur Veränderung des Altersstereotyps haben bislang meist nur kurzfristige Erfolge erzielt und vereinzelt sogar zu einer Verschlechterung des Altersbildes der Teilnehmer geführt. Es ist daher nicht hinreichend, die bloße Begegnung zwischen Alt und Jung zu fördern, da dies keinesfalls zwangsläufig eine Verbesserung der (wechselseitigen) Bilder voneinander nach sich zieht. Vielmehr müssen die Kontakte gemäß den Forschungen zur „sozialen Kontakthypothese"[40] so beschaffen sein, dass Jung und Alt als gleichrangige Partner miteinander an gemeinsamen Zielsetzungen arbeiten, bei deren Erreichung sie voneinander wechselseitig abhängig sind. Die größte Wirksamkeit besitzen Kontaktprogramme offenbar dann, wenn Angehörige unterschiedlicher Generati-

---

[39] Zum Überblick vgl. Filipp & Mayer, 1999.
[40] Pettigrew 1998.

onen einander nicht nur in Gruppen begegnen (z. B. Jugendliche als Dozenten in einem Computerkurs für ältere Erwachsene), sondern wenn der Austausch direkt darauf abzielt, persönliche Beziehungen zwischen Jung und Alt zu fördern (z. B. Jugendliche und ältere Menschen einander paarweise zugeordnet sind und gemeinsam am PC arbeiten).

Der Austauschcharakter freiwilliger Sozialbeziehungen erfordert es darüber hinaus, dass sowohl Jung als auch Alt in irgendeiner Weise von intergenerationellen Begegnungen profitieren müssen, sodass die Reziprozitätsnorm innerhalb der entstehenden Beziehungen eingehalten wird. Schwinden die kognitiven und physischen Ressourcen älterer Menschen, so vermindert sich jedoch auch ihre Fähigkeit, „alte" Fertigkeiten und Wissensbestände an jüngere Menschen weiterzugeben oder „neue" Kompetenzen zu erwerben, die als „Austauschgüter" in die Beziehung eingebracht werden können. Entscheidende Fragen lauten also, wer in außerfamilialen Generationenbeziehungen der Gebende und wer der Nehmende ist, welche „Währungen" (z. B. praktische Hilfeleistungen, Ratschläge, Lob und Anerkennung oder Geld) Jung und Alt sich miteinander austauschen, welche (impliziten) Kosten-Nutzen-Rechnungen sie aufmachen, wenn es um den „Wert" von intergenerationellen Beziehungen außerhalb der eigenen Familie geht, und ob und wie eine Balance zwischen Jung und Alt besteht oder hergestellt werden kann.

Ein bislang oft vernachlässigter Schlüssel zur Förderung dieser Beziehungen scheint in den Emotionen von Jung und Alt füreinander zu liegen.[41] In dem Maße, in dem Jung und Alt

---

Krappmann 1997.

einander auf eine solche Weise begegnen, dass Sympathie, Freundschaft und „echte“ Zuneigung zwischen ihnen entstehen können, sollten auch Reziprozitätserwartungen aneinander an Bedeutung verlieren. Angesichts der emotional meist sehr positiv getönten intrafamilialen Generationenbeziehungen mag man sich einen Transfer intrafamilialer Erfahrungen auf Beziehungen außerhalb der Familie erhoffen. Erste Hinweise auf eine entsprechende „Bahnungsfunktion“ von Großeltern-Enkel-Beziehungen für das Altersbild finden sich sowohl bei amerikanischen[42] wie auch bei deutschen Jugendlichen[43] und jungen Erwachsenen[44].

Alles in allem betrachtet liegen in Generationenbeziehungen zweifellos umfassende Potenziale für die beteiligten Individuen und für die Gesellschaft. Die Erschließung der Potenziale stellt ein äußerst lohnendes Ziel dar, dessen Erreichung wir uns allerdings nicht zu leicht vorstellen dürfen. Zahlreiche Faktoren sind zu berücksichtigen, wenn die Beziehungen zwischen Jung und Alt außerhalb von Familien erfolgreich gefördert und nachhaltig gefestigt werden sollen. Diese Faktoren weiter zu klären und ihre Wirkungsweise zu präzisieren, muss Gegenstand künftiger Forschungsarbeiten sein.

---

42 Harwood & Soliz 2003.
43 Barthold 2005.
44 Mayer, in Vorb.

Ursula M. Staudinger

Die Zukunft des Alter(n)s

Im Jahre 2050 werden nach demografischen Trendberechnungen die über 60-Jährigen einen Anteil von 40 Prozent der Bevölkerung in Deutschland ausmachen. Dies ist ein Novum in der bisherigen Menschheitsgeschichte, und wie so häufig macht Neues zunächst Angst. Ob diese neue Altersmischung ausschließlich als Problem, wie es oft in den Medien den Anschein hat, oder auch als Chance begriffen werden kann, liegt neben dem Verhalten der Einzelnen auch ganz wesentlich an der Gestaltung unserer Institutionenwelt und der materiellen Umwelt. Diese These wird untermauert durch Befunde aus der Entwicklungspsychologie dieser Lebensspanne, die das psychologische Kompetenzprofil alter Menschen sowie die Plastizität menschlicher Entwicklung bis ins hohe Alter hinein belegen.

Neustrukturierung des Lebenslaufs: Bildung, Arbeit

Ein Beitrag zur Auflösung der wachsenden Doppel-, Dreifach- und Vierfachbelastung durch Arbeit, Familie und Bildung in den mittleren Jahren und der Unterforderung oder sogar Ausgrenzung des höheren Alters könnte und sollte in der systematischen Einbeziehung der im letzten Jahrhundert hinzugewonnenen 30 Lebensjahre in die Strukturierung des Lebenslaufes jedes Einzelnen liegen. Als provozierende Denkfigur sollte man sich beispielsweise einmal die demografische Definition des mittleren Lebensalters vor Augen führen, als das Alter, in dem die Hälfte einer Kohorte tot ist. Diese Grenze hat sich nämlich in den modernen Gesellschaften inzwischen auf das Alter von ca. 78 bis 80 Jahren verschoben, wohingegen sie noch zu Beginn des letzten Jahrhunderts bei etwa 40 Jahren lag. Diese gewonnenen (mehr als) 30 Jahre können in der Zukunft zweifellos nicht mehr, wie im Nachkriegsdeutschland üblich geworden, ausschließlich als eine Phase verstanden werden, in der man sich ausruht und „das Leben auslaufen lässt". Dazu ist diese Phase zu lang geworden. Mit sehr hoher Wahrscheinlichkeit werden zukünftige Kohorten alter Menschen länger gesünder sein, und sie werden einen (schon heute spürbaren) massiven Wunsch nach gesellschaftlicher Partizipation haben. Es muss uns gelingen, unsere Bildungsinstitutionen (einschließlich ihrer Finanzierung) und unseren Begriff von Arbeit so zu flexibilisieren, dass wir ein Leben lang immer wieder Bildungsphasen verschiedenster Art einschieben können, genauso wie wir durch die Etablierung altersgerechter Formen von Arbeit wesentlich länger beruflich tätig sein können und wollen. Es geht also nicht darum (wie es in der öffentlichen Diskussion immer wieder nahegelegt wird), fast 50 Jahre als der viel beschworene Dachdecker zu arbeiten, sondern darum, im Laufe eines Berufslebens immer wieder andere Berufstätigkeiten auszuüben. Der Grundsatz kann nicht mehr lauten: „Am Anfang lernen wir, dann arbeiten wir und am Schluss ruhen wir uns aus." Vielmehr muss sich das Lernen – auch das formelle – durch das gesamte Leben ziehen, denn wie sollten wir sonst in der Lage sein, der sehr schnellen Veränderung der lebens- und berufsrelevanten Wissensbestände gerecht zu werden? Ein so veränderter Lebenslauf könnte auch dazu führen, dass die Generationen in Bildung und Arbeit stärker durchmischt würden. Die Investition in ältere Arbeitnehmer durch Weiterbildung (die angesichts der Befundlage zu ihrer Leistungsfähigkeit auch durchaus sinnvoll ist, siehe unten) wird die Regel anstatt (wie es gegenwärtig in Deutschland noch der Fall ist) die Ausnahme sein. Der in einer nicht fernen Zukunft zu erwartende Mangel an qualifizierten Arbeitskräften wird ein solches Investitionsverhalten der Betriebe in vielen Branchen unumgänglich machen (auch wenn man sich dies bei den gegenwärtigen Arbeitslosenzahlen nur schwer vorstellen kann).

Die Zäsur des Rentenalters sollte aus Gründen des Schutzes für die Ausscheidenden, aber auch für die Nachwachsenden beibehalten werden, doch sollte es viele Formen der bezahlten Arbeit danach geben, deren Ausübung nicht bestraft, sondern steuerlich attraktiv gestaltet wird. Eine solche systematische Integration der gewonnenen 30 Jahre in den gesamten Lebenslauf schließt bei entsprechendem institutionellem Rahmen (z. B. Kinderbetreuung, Arbeitszeit- und Bildungskonten) auch eine bessere Vereinbarkeit von Beruf und Familie ein. Wenn es um die Zukunft des Alter(n)s geht, gilt es aber auch zu berücksichtigen, welche Auswirkungen möglicherweise dauerhaft veränderte Reproduktionsmuster und Lebensstile auf soziale Beziehungen, auf die Familie und auf die Lebensführung im Alter (Abhängigkeit bzw. Unabhängigkeit, soziale Netzwerke, Pflege) haben können. Die Demografie sagt uns, dass im Moment die über 90-Jährigen die am schnellsten anwachsende Gruppe in der Gesellschaft sind.[45] Dies ist, was den Bedarf an Pflege angeht, eine wichtige Größe, denn die Wahrscheinlichkeit ist groß, dass in diesem Alter, also jenseits von 90 Jahren, auch in Zukunft das Ausmaß der funktionalen Einschränkungen einen solchen Grad erreicht, dass eine unabhängige Lebensführung zumindest erschwert ist.

Was bedeutet es also ganz konkret, wenn eine Gesellschaft fast so viele über 60-Jährige wie unter 60-Jährige umfasst? Und man muss ja noch hinzufügen, dass bei den unter 60-Jährigen der Anteil der Personen im frühen und mittleren Erwachsenenalter zunehmen und der Anteil der Kinder und Jugendlichen abnehmen wird und dass die über 60-Jährigen aus gleichen Anteilen von unter und über 80-Jährigen bestehen werden. Wie verändert das unser Erleben auf der Straße und im täglichen Leben? Wie verändert sich das soziale Leben? Um sich dies vorstellen zu können, muss man sich vor Augen führen, was wir im Alter können und nicht können, wollen und nicht wollen und wie weit dies beeinflussbar ist.

Unser Kompetenzprofil im Alter und seine Plastizität

Intellektuelle Leistungsfähigkeit

Altersveränderungen in den intellektuellen Fähigkeiten beruhen auf einem komplexen Zusammenspiel biologisch bedingter Einbußen und kulturell vermittelter Zugewinne.[46] Das „Altern der Intelligenz" ist dementsprechend kein einheit-

---

[45] Maier & Vaupel 2003.

[46] Baltes, Lindenberger & Staudinger 2006.

licher Prozess, sondern Individuen und Fähigkeiten altern in einer jeweils sehr unterschiedlichen Weise. So gibt es Personen, die auch im hohen Alter noch sehr kreativ und geistig beweglich sind, aber ebenso auch solche, deren kognitive Funktionen mit dem Alter stark nachlassen. Gleiches gilt für unterschiedliche Fähigkeiten: Zum Beispiel lässt die Geschwindigkeit von Wahrnehmungs- und Denkprozessen, aber auch die Fähigkeit, gleichzeitig mehrere Informationen zu erinnern und diese zu verknüpfen, in der Regel ab dem 25. bis 30. Lebensjahr nach.[47] Fähigkeiten hingegen, die auf Wissen und Lebenserfahrung aufbauen, zeigen Stabilität und können sogar unter bestimmten Bedingungen bis ins hohe Alter Zugewinne aufweisen.[48] Diese Veränderungen auf der Verhaltensebene stehen in Zusammenhang mit neuronalen Veränderungen im Gehirn (synaptische Verknüpfungen, Transmitter, Anzahl der Neuronen), wobei nicht alle Veränderungen im Gehirn biologischer Natur sind, sondern manche auch die Konsequenz von sich mit dem Alter ändernden Verhaltensweisen.

Neben diesen unter bisherigen kulturhistorischen Bedingungen zu beobachtenden Alterstrends muss berücksichtigt werden, dass sich kognitive Leistungen durch Training und Übung beträchtlich steigern lassen. Diese *Reserven* wurden in zahlreichen Untersuchungen sowohl zu den Leistungen in den üblichen Intelligenztestaufgaben als auch zu den Gedächtnisleistungen bestätigt.[49] Anhand von Längsschnittdaten lässt sich zeigen, dass das Ausmaß dieser Leistungssteigerung ungefähr dem in der Altersspanne von 60 bis 80 beobachteten Leistungs-

---

[47] Z.B. Lindenberger & Kray 2005.
[48] Z.B. Staudinger & Baltes 1996.
[49] Zum Überblick vgl. Baltes, Lindenberger & Staudinger 2006.

rückgang entspricht. Allerdings ist dies nicht so zu verstehen, dass eine Umkehrung des bereits erfolgten Abbaus stattfände, sondern es handelt sich dabei um den Erwerb von Strategien, die es erlauben, den Abbau auszugleichen oder zumindest abzumildern. Dies ist anders bei Interventionen, die die körperliche Ausdauerleistung von Personen steigern und damit auch signifikant die kognitive Leistungsfähigkeit erhöhen.[50] Bei solchen Interventionen finden tatsächlich biologische Veränderungen in den altersanfälligen Bereichen des Gehirns statt.

Interessant ist auch eine weitere Form des dauerhaft wirkenden kognitiven „Trainings", die noch zu wenig als solche zur Kenntnis genommen wird: Ein negatives Altersstereotyp wirkt sich sehr nachteilig auf die Selbsteinschätzung und das Selbstwertgefühl der Älteren und in der weiteren Konsequenz auch auf die kognitive Leistungsfähigkeit aus.[51] Umgekehrt konnte auch gezeigt werden, welche leistungssteigernde Wirkung die Aktivierung eines positiven Altersstereotyps (z. B. weise) bei alten Menschen hat. Die Wirkung eines verinnerlichten negativen Altersbildes geht so weit, dass die Überlebenszeit um sieben Jahre verkürzt wird im Vergleich zu Personen, die ein positives Altersselbstbild haben (kontrolliert für Gesundheit, sozio-ökonomische Faktoren und Wohlbefinden).[52]

Ebenso erbrachten Untersuchungen zu berufsbezogenen Trainingsergebnissen, dass ältere Arbeitnehmer bis zum Alter von 70 von im Berufskontext durchgeführten Trainingsmaßnahmen profitieren.[53] Und wir wissen, dass Personen, die

---

50 Kramer et al. 1999.
51 Wentura & Rothermund 2005.
52 Levy 1996; Levy et al. 2002.
53 Vgl. Kubeck, Delp, Haslett & Daniel 1996.

einen kognitiv anspruchsvollen Beruf ausgeübt haben, eine höhere kognitive Leistungsfähigkeit aufweisen als eine vergleichbare Kontrollgruppe.[54] Es scheint, dass der Neigungswinkel des Verlaufs des kognitiven Abbaus zwar auch für diese Gruppe unverändert ist, aber er findet auf einem höheren Leistungsniveau statt. Der Transfer der Trainingsmaßnahmen auf nicht trainierte Aufgaben ist allerdings sehr begrenzt. Es konnte auch gezeigt werden, dass der Interventionserfolg im sehr hohen Alter stark verringert ist und sich gar nicht mehr einstellt, wenn die Zielperson gleichzeitig die Anzeichen einer beginnenden Demenz zeigt.[55]

Angesichts der für das hohe Lebensalter typischen hohen Erkrankungszahlen für *Demenz* (Alzheimer und andere Demenzformen) scheint es sinnvoll, den Befund der reduzierten oder gar nicht mehr vorhandenen kognitiven Leistungsreserve detaillierter zu diskutieren. Es gibt beispielsweise Befunde, die zeigen, dass bei verlängerten Präsentationszeiten auch demente Personen von Trainingsmaßnahmen profitieren. Ebenso konnte man zeigen, dass sich auch demente Personen in ihren Leistungen verbessern können, wenn man ihre früheren Kenntnisse in die kognitive Aufgabe einbezieht. Diese Befunde belegen, dass die kreative Anwendung und Kombination von Methoden auch im Bereich von Krankheit im Alter noch Raum für Leistungsverbesserungen lässt.[56]

Wie steht es nun mit geistigen Leistungen im Bereich der Lebenserfahrung und dem Umgang mit schwierigen Lebensproblemen? (In der höchsten Ausprägung spricht man hier

---

[54] Z.B. Schooler 1990.
[55] Lindenberger & Kray 2005.
[56] Kopelman 1985; Lipinska, Bäckman & Herlitz 1992.

auch von Weisheit.) Es zeigt sich, dass in einem Altersbereich von 25 bis 75 Jahren trotz nachlassender Leistungen im Bereich der Kognition kein Abbau in der Urteilsfähigkeit im Bereich schwieriger und existenzieller Lebensprobleme zu beobachten ist. Dieser Befund ist inzwischen in mehreren Studien mit insgesamt über 600 Versuchsteilnehmern bestätigt worden.[57] Allerdings muss auch festgehalten werden, dass mit zunehmendem Alter im Durchschnitt keine Zunahme in den weisheitsbezogenen Leistungen festzustellen ist. Weitergehende Untersuchungen haben gezeigt, dass es nicht ausreicht, älter zu werden, um weise zu werden. Es ist darüber hinaus etwa notwendig, dass die üblichen kognitiven Abbauerscheinungen schwächer ausgeprägt sind als im Durchschnitt und dass ein bestimmtes Persönlichkeitsprofil vorliegt, das etwa durch Offenheit für neue Erfahrungen, Flexibilität, Kreativität, Interesse am eigenen Wachstum (alles Eigenschaften, die im Durchschnitt mit dem Alter einen Abbau zeigen) charakterisiert ist. Außerdem spielen natürlich die Erfahrungskontexte, in denen man im Laufe des Lebens gestanden hat, und die Unterstützung oder Anleitung, die man im Umgang mit Lebensproblemen erfahren hat, eine wichtige Rolle.[58]

Welche Konsequenzen haben diese Befunde für die gegenwärtige und die zukünftige Gesellschaft? Hier gilt es zunächst zwischen den gegenwärtig und den zukünftig alten Kohorten zu unterscheiden, denn es ist keineswegs sicher, dass die gegenwärtig beobachteten Entwicklungsverläufe auch in Zu-

---

[57] Staudinger & Baltes 1996.

[58] Staudinger 1999.

kunft Bestand haben werden. Was die *gegenwärtig alten Kohorten* angeht, so gibt es Stärken, von denen eine alternde Gesellschaft profitieren könnte (Erfahrung), dies aber noch nicht im vollem Umfange tut, da Ältere nach dem Eintritt in den Ruhestand noch zu wenige institutionalisierte Möglichkeiten der gesellschaftlichen Partizipation in Form von bürgerschaftlichem Engagement oder auch von Arbeit haben. Es gibt auch Schwächen in der kognitiven Entwicklung, die man allerdings durch geeignete Maßnahmen abmildern kann. Notwendig sind jedoch „Trainingsmaßnahmen“, die in den Alltag integriert sind und dadurch dauerhaft zur Anwendung kommen und die eine hohe ökologische Validität haben – also beispielsweise wechselnde kognitive Anforderungen im Berufsalltag oder dann auch im nachberuflichen Alltag. Die *zukünftig Alten* könnten aufgrund hoffentlich verbesserter Breitenbildung, kognitiv anspruchsvollerer Arbeitsanforderungen und eines besseren Gesundheitszustandes im Alter kognitiv besser dastehen, als dies gegenwärtig der Fall ist.

Was die Alzheimer-Demenz betrifft, die in den hohen Altersgruppen eine sehr hohe Prävalenz aufweist,[59] kann man nur spekulieren, welche Erfolge die genetische Forschung hier in den nächsten Jahren erzielen wird und welche Therapien sich daraus entwickeln lassen. Die obigen Ausführungen hinsichtlich der Plastizität zeigen allerdings, dass auch in solchen Zuständen geeignete, wenn auch aufwendige Interventionen Erfolge zeitigen. Insofern ist eine gute Ausbildung des Altenpflegepersonals unerlässlich.

---

[59] Helmchen et al. 1999.

Funktionsfähigkeit im Bereich der Persönlichkeit

Die kognitiven Voraussetzungen stellen nur einen Teil der psychischen Vorbedingungen dar, die es zu berücksichtigen gilt, wenn wir über die Auswirkungen einer Alterung der Gesellschaft nachdenken. Sowohl für die gesellschaftliche Partizipation als auch generell für ein gelungenes Leben sind die persönlichkeitsbezogenen Voraussetzungen ebenso zentral.

Eine Vielzahl von nationalen und internationalen Studien belegt, dass das Selbstwertempfinden, das subjektive Wohlbefinden oder die Überzeugung, das eigene Leben direkt oder unmittelbar kontrollieren zu können, im Alter generell wenig oder gar nicht beeinträchtigt sind.[60] Bis zur Schwelle zwischen dem drittem (60–85) und viertem Lebensalter (> 85) stellt das Alter, pointiert gesagt, keinen Risikofaktor für Lebensqualität und Wohlbefinden dar. Erst im hohen Alter sind merkliche Einbußen nach derzeitigem Wissensstand nicht nur zunehmend unabwendbar, sondern auch kaum mehr kompensierbar.

Dies wird dann zu einem erstaunlichen Befund, wenn man ihm die gut belegte Tatsache gegenüberstellt, dass entwicklungsbedingte Abbauprozesse und Funktionseinbußen in vielen Lebens- und Funktionsbereichen schon ab der Lebensmitte sichtbar werden. Dieser augenscheinliche Widerspruch zwischen „intaktem“ Selbstgefühl und objektiv wie subjektiv zu registrierenden Leistungsverlusten lässt sich psychologisch dann auflösen, wenn man die Kraft der Persönlichkeit zu Umstrukturierungs- und Anpassungsprozessen als Antwort auf oder in Erwartung von sich ändernden Lebensbedingungen

[60] Baltes, Lindenberger & Staudinger 2006.

berücksichtigt. Inzwischen steht nämlich zweifelsfrei fest, dass wir mit zunehmendem Alter an dieser Kraft eher gewinnen als verlieren. Hierbei sind sowohl Persönlichkeitseigenschaften als auch Selbstregulationsmechanismen mit einzubeziehen. Wir verändern beispielsweise die Vergleichsgruppe, wenn wir unseren Gesundheitszustand bewerten, das heißt, wir vergleichen unseren Gesundheitszustand nicht mit unserem eigenen von vor zehn Jahren, sondern mit dem Gesundheitszustand von Altersgenossen, die in einer noch schlechteren Verfassung sind. Oder wir senken das Anspruchsniveau bei der Beurteilung eigener Leistungen. Wir sind aber auch besser als früher in der Lage, unerreichbare Ziele aufzugeben.[61]

Die Persönlichkeitseigenschaften zeigen im Verlauf des Erwachsenenalters im Durchschnitt eine zunehmende soziale (An-)Passung (d. h. höhere emotionale Stabilität, Umgänglichkeit, Gewissenhaftigkeit), aber ebenso – für viele vielleicht überraschend – einen Verlust an Persönlichkeitsreife und Offenheit für Neues.[62] Es ist gegenwärtig noch nicht abschließend geklärt, in welchem Maße sich diese Abnahme der Offenheit durch das Stellen neuer Aufgaben im Alter und damit durch die Konfrontation alter Menschen mit neuen Kontexten abpuffern lässt. Eine erste Interventionsstudie, die im Rahmen des vom Bundesfamilienministerium geförderten Modellprojektes EFI (Erfahrungswissen für Initiativen) durchgeführt wurde, gibt jedoch erste Hinweise darauf, dass sich die Offenheit für neue Erfahrungen durch die Konfrontation mit neuen

---

[61] Vgl. auch Staudinger 2000.
[62] Staudinger 2005.

Herausforderungen, für die man aber vorher „fit" gemacht wurde, in der Tat erhöhen lässt.[63] Insofern scheint es nicht abwegig, dass sich zukünftige Generationen aufgrund veränderter Sozialisations- und Lebensbedingungen ihre Offenheit für Neues und ihre Flexibilität im Alter bewahren können.

Altersvergleichende Untersuchungen haben gezeigt, dass die Anstrengung, die wir in Form von Gedanken und Handlungen in bestimmte Lebensbereiche investieren, mit dem Alter kaum abnimmt. Die Inhalte, in die wir diese Energie investieren, verändern sich aber während des Lebens sehr wohl.[64] Betrachten wir den Emotionshaushalt, so zeigt sich auch da, dass die negativen Emotionen nicht etwa mit zunehmendem Alter zunehmen, sondern dass sie gleichbleiben. Ab etwa dem 80. Lebensjahr lässt sich allerdings eine Abnahme in der berichteten Häufigkeit der positiven Emotionen feststellen.[65]

Welche Konsequenzen haben diese Befundmuster für eine alternde Gesellschaft? Eine Gesellschaft ohne alte Menschen wäre um vieles ärmer. Mit zunehmendem Alter sind wir umgänglicher, verlässlicher und emotional stabiler, also angenehmere Zeitgenossen im sozialen Umgang. Mit zunehmendem Alter sind wir besser in der Lage, unsere Grenzen zu erkennen und dann entsprechend auch Ziele umzudefinieren oder andere Wege der Zielerreichung zu suchen, anstatt mit dem Kopf durch die Wand zu gehen, wie dies in jüngeren Jahren häufig der Fall ist. Eine Gesellschaft mit mehr alten Menschen als bisher könnte also eine entspanntere Gesellschaft sein als diejenige, die wir heute gewohnt sind.

---

[63] Mühlig-Versen & Staudinger 2007.
[64] Staudinger & Schindler 2002.
[65] Staudinger et al. 1996.

Wir sorgen uns im Alter auch zunehmend mehr um andere, speziell die Jüngeren, die bleiben, wenn wir selbst abtreten. Leider sieht unsere Gesellschaft bisher noch zu wenig natürliche Räume vor, in denen sich Menschen unterschiedlicher Generationen im Alltag automatisch begegnen, aber auch etwas zusammen tun – und dies, obwohl sich in solchen Kontakten eine natürliche entwicklungsoptimierende Intervention verbirgt, und zwar sowohl für die Jüngeren als auch für die Älteren. Wenn die Situation so gestaltet ist, dass die Älteren im Kontakt mit der jüngeren Generation etwas weitergeben können, so erfahren sie hierdurch eine Stärkung ihres Selbstwertgefühls, die sich wiederum positiv auf andere beeinträchtigte Leistungsbereiche auswirkt.[66] Durch den Kontakt mit Jüngeren werden wir im Alter auch mit neuen Kontexten und Realitäten konfrontiert, die eventuell im Widerspruch mit den eigenen Erfahrungswelten stehen. Dieser Widerspruch kann dann aufgearbeitet werden, und das kann zu neuen Einsichten führen. Umgekehrt bedeutet der Kontakt für die jüngere Person, dass der Umgang mit der Großelterngeneration weniger durch Konkurrenz gekennzeichnet ist als der mit der Elterngeneration. Dadurch können ältere Menschen leichter als Rollenmodelle akzeptiert werden, und es ist leichter, von ihnen zu lernen. Insofern könnten hier speziell für Jugendliche Chancen für die Identitätsfindung und die Entwicklung der Selbstregulation liegen.

[66] Kessler & Staudinger (im Druck).

Soziale Beziehungen im Alter

Es gehört zu den typischen Erfahrungen im Alter, dass mehr und mehr Personen, mit denen man durchs Leben gegangen ist, sterben und dass man dadurch auch geteilte Vergangenheit verliert. Zu diesen Erfahrungen gehört insbesondere der Verlust des Ehe- oder Lebenspartners bzw. der Partnerin. Der daraus entstehenden Gefahr der Vereinsamung und der Leere gilt es zu begegnen. Ebenso lässt sich feststellen, dass das soziale Netzwerk zu einer Belastung werden kann – wegen der Unterstützungsleistungen, die durch eine wachsende Anzahl an Krankheiten etwa gleichaltriger und älterer Bekannter erforderlich werden – und dass gleichzeitig das eigene Unterstützungsreservoir schrumpft.

Soziale Beziehungen und soziale Unterstützung können sowohl helfen als auch belasten. Trotz der gerade genannten Belastungen im Bereich der sozialen Beziehungen gibt es jedoch keine Hinweise darauf, dass im Alter größere Einsamkeit vorherrschen würde. Als Ausnahme muss hier allerdings das sehr hohe Alter genannt werden. Mehr als die Hälfte der über 80-Jährigen klagen über Einsamkeit. In den Jahren davor herrscht eher größere Zufriedenheit mit den eigenen sozialen Beziehungen vor als im jüngeren und mittleren Erwachsenenalter. Mit zunehmendem Alter wird der Austausch von Emotionen immer wichtiger für uns. Mit dem Alter wächst das Bedürfnis nach Alleinsein und Privatheit, und es kann gerade auch die Dialektik zwischen Zusammensein und Alleinsein als eine Ressource genutzt werden. „Allein sein" im Alter ist also keineswegs gleichzusetzen mit „einsam sein".[67]

---

[67] Antonucci 2001.

Im Falle chronischer Erkrankungen scheint die schützende Wirkung sozialer Unterstützung sogar noch stärker zu sein als bei akuten Erkrankungen. Es ist interessant, dass die erwartete Unterstützung eine stärkere Korrelation zum subjektivem Wohlbefinden aufweist als die tatsächlich erhaltene Unterstützung.[68] Personen mit höherer Selbstwirksamkeit erhalten mit höherer Wahrscheinlichkeit Unterstützung von anderen. Hier kann es also zu sich negativ verstärkenden Schleifen der Hilflosigkeit kommen. Ebenso haben emotional labile oder auch depressiv verstimmte Personen langfristig geringere Chancen, soziale Unterstützung zu erhalten. Die ungünstige Implikation dieser Dynamik ist, dass diejenigen, die Unterstützung besonders nötig hätten, sie mit geringerer Wahrscheinlichkeit bekommen. Diese Befunde sind auch deshalb für das Alter relevant, weil depressive Verstimmtheiten im Alter durchaus nicht selten sind.[69]

Umgekehrt konnte jedoch auch gezeigt werden, dass der Glaube der unterstützenden Person an die Fähigkeiten des zu Unterstützenden auch dessen Selbstbild positiv beeinflussen kann. Das Forschungsprogramm von Margret Baltes[70] hat eindrucksvoll diese positiven wie negativen Kreisläufe am Beispiel der unabhängigen Durchführung bestimmter Selbstpflegeaktivitäten bei älteren Menschen nachweisen können. In dem Maße, in dem das Pflegepersonal Unabhängigkeit zutraut und unterstützt, wird die alte Person auch eher unabhängiges Verhalten zeigen und umgekehrt. Natürlich sind solche Verhaltensmuster aufseiten des Pflegepersonals auch im Zusam-

---

[68] Schwarzer & Leppin 1992.
[69] Helmchen & Reischies 2005.
[70] M. Baltes 1995.

menhang mit institutionellen Beschränkungen (etwa durch den Patienten-Personal-Schlüssel) begrenzt.

Verschiedene Arten von Beziehungen werden üblicherweise zu verschiedenen Unterstützungsleistungen herangezogen. Engen und intimen Beziehungen, also etwa der mit dem Lebens- oder Ehepartner, kommt dabei eine besondere Schutzfunktion zu.[71] Die Multifunktionalität solcher Beziehungen macht sie im Vergleich besonders hilfreich, denn im Unterschied zu Freundschafts- oder Nachbarschaftsbeziehungen bieten sie potenziell in jeder kritischen Situation Unterstützung. Es zeigt sich allerdings auch, dass gerade in solchen engen Beziehungen die Schwierigkeiten und Probleme des unterstützenden Partners ebenso in die Situation mit eingebracht werden. Die Gefahr der Überlastung solcher multiplexen Beziehungen ist zu bedenken. Es kann deshalb besser sein, verschiedene Arten der Unterstützungsleistung aufzuteilen, auch wenn der Familienangehörige (Ehepartner oder Kind) die Supervision behält. Wenn sich etwa bei Pflegebedürftigkeit sowohl die instrumentelle als auch die emotionale Unterstützung bei einer einzigen Person konzentriert, führt das vielfach zur Erschöpfung und möglicherweise auch zu einer Erkrankung der unterstützenden Person. Personen ohne Familie oder familienähnliche Bezüge sind allerdings, was die sozialen Stützsysteme angeht, keineswegs ohne Hilfe. Vielmehr lässt sich in solchen Fällen beobachten, dass im Verlaufe des Lebens „Wahlverwandtschaften" gebildet wurden, die vergleichbare Leistungen erbringen können.[72]

---

71 Dykstra 1993.

72 Lang, Staudinger & Carstensen 1998.

Schließlich hat sich gezeigt, dass die Reziprozität im Geben und Nehmen von Unterstützung noch mehr als die erhaltene Unterstützung Vorhersagekraft für das subjektive Wohlbefinden hat.[73] Diesen positiven Effekt *geleisteter* Unterstützung gilt es zu berücksichtigen, wenn über mögliche Interventionen im Alter nachgedacht wird. Reziprozität muss dabei nicht unbedingt innerhalb einer einzelnen sozialen Interaktion und auch nicht innerhalb einer Beziehung über die Zeit erreicht werden, sondern kann sich aus der Gesamtheit der ausgetauschten Unterstützungen in einem Netzwerk und über die Lebenszeit ergeben. Interessant sind auch soziologische Untersuchungen zur geschichtlichen Entwicklung der Reziprozitätsnorm, die sich entgegen landläufigen Stereotypen bis in die jungen Kohorten hinein zu erhalten scheint.

Im Hinblick auf das höhere Alter ist es vielleicht überraschend, dass bis zum Alter von ca. 85 Jahren die Balance zwischen geleisteter und erhaltener Unterstützung ausgeglichen erscheint; erst danach überwiegt die erhaltene Unterstützung, obwohl auch dann noch von den sehr alten Menschen beträchtliche Unterstützungsleistungen erbracht werden. Die Inhalte instrumenteller Unterstützung verändern sich dabei im Lebensverlauf. Ältere Menschen leisten innerhalb ihrer Familien beträchtliche finanzielle Unterstützung und helfen bei der Kinderbetreuung, umgekehrt erhalten sie selbst meist gesundheitsbezogene Unterstützungsleistungen. Emotionale Unterstützung scheint dagegen im Lebenslauf ein eher stabiles Element des Unterstützungssystems zu sein.

---

[73] Antonucci 2001.

Aus diesen Befunden wird deutlich, dass wir zum einen nicht davon ausgehen müssen, dass soziale Stützsysteme zusammenbrechen, wenn die Familie im klassischen Sinne weniger häufig ist. Vielmehr zeigen die Befunde, dass sich der Mensch neue Netzwerke der Wahlverwandtschaft schafft. Zum Zweiten wird deutlich, dass wir das Primat des „Verbleibens in der häuslichen Umgebung um jeden Preis" überdenken sollten. Die Kosten einer solchen „Scheinunabhängigkeit" können für die betroffene Person, die Angehörigen und damit letztlich für die Volkswirtschaft sehr hoch sein. Vielmehr sollte man an Modelle denken, die einen frühzeitigen Wechsel in Wohnumgebungen fördern, die dann später eventuell einsetzende Stufen der Abhängigkeit ohne erneuten Wohnortwechsel auffangen können. Der selbst gewählte frühzeitige Wechsel ermöglicht die optimale Nutzung und Gestaltung des neuen Lebensumfelds. Wenn dagegen der Wechsel zu einem späteren Zeitpunkt aus unabweisbarer Notwendigkeit stattfindet, stehen oft keine Ressourcen für die Anpassungsleistung mehr zur Verfügung. Allerdings bedarf es hier einer Veränderung des Ansehens wie auch der Realität vieler solcher Einrichtungen. Hier liegt auch eine Herausforderung für den Städtebau. Es müssen mehr innovative Konzepte betreuten und generationsdurchmischten Wohnens verwirklicht werden. Es spricht vieles dafür, Pflegeleistungen, das heißt instrumentelle Hilfe, und emotionale Unterstützung nicht von der gleichen vertrauten Person zu bekommen. Instrumentelle Hilfe im Alltag geht mit viel Stress einher, der dazu führen kann, dass die wertvolle emotionale Unterstützung dadurch belastet wird und dann nicht mehr geleistet wird. Weiterhin ist es sehr wichtig, darauf zu achten, dass es auch in der Interaktion mit abhängigen älteren Menschen für diese die Möglichkeit der Reziprozität gibt. Unterstützungsleistungen sollten nicht so gestaltet sein, dass sie noch verbleibende Unabhängigkeit verhindern, anstatt sie zu fördern.

Zukünftige ältere Generationen werden mit hoher Wahrscheinlichkeit im Durchschnitt nicht mehr so begütert sein wie die heutigen Alten.[74] Die gegenwärtig so reichlich fließenden Transferleistungen von der älteren zur jüngeren Generation werden dann zurückgehen oder ganz ausbleiben. Hinzu kommt, dass die zukünftig Alten, also etwa die 68er-Generation und die ihr folgenden, mit hoher Wahrscheinlichkeit weniger bescheiden und zurückhaltend sein werden als die gegenwärtigen Alten der Vorkriegs- und Kriegsgeneration. Dies hat Konsequenzen für das Sparverhalten, für den Lebensstil und auch für das Konsumverhalten. Die sogenannte „Silver Economy" wird in Deutschland noch um einiges an Bedeutung gewinnen.[75]

---

[74] Wagner et al. 1996.

[75] Gerling & Conrad 2002.

Annette Niederfranke

Starke Leistung für jedes Alter – Die Idee „Mehrgenerationenhaus"

Ein guter Indikator für die jeweils aktuelle Stimmungslage ist das Werbefernsehen. Unternehmen und Agenturen, die Pudding oder Waschmittel verkaufen, leben davon, die Wünsche und Sehnsüchte, die Befindlichkeiten und Stimmungen ihrer Kunden äußerst sensibel aufzufangen und in wirkmächtige Bilder zu verpacken. Zurzeit sprechen die Werbestrecken der Privatsender eine eindeutige Sprache: Der Ort der Sehnsucht des modernen Menschen scheint die Großfamilie zu sein. Da werden einer vielköpfigen Schar von Alten, Jungen, Enkeln und Urenkeln auf blendend weiß gedeckten Tischen unter alten Platanen Tiefkühltorten aufgetischt. Da stibitzt der Lausejunge mit der Zwille unter großem Hallo seinem Urgroßvater ein Stück Wurst von der Gabel. Und der Großvater, der mit dem Sahnebonbon seine Kindheitserinnerungen an die übernächste Generation weitergibt, ist schon ein Klassiker des Werbegenres.

Dass hier keine Realität, sondern eine Hoffnung abgebildet wird, zeigen die Packungsgrößen, in denen „Omas Familienpudding" meist feilgeboten wird: Sie sind auf den Ein- oder Zweipersonenhaushalt ausgerichtet. Hier liegt eine offenkundige Diskrepanz. Das Bedürfnis nach der Sicherheit, dem Rückhalt und dem Erfahrungsschatz der Generationen, die eine Großfamilie zu einer ungeheuer leistungsfähigen sozialen Struktur machen, steht eine starke funktionale Segmentierung der Gesellschaft gegenüber. Hohe Anforderungen an Flexibilität und Mobilität haben dem Prinzip einer Lebensgemeinschaft über mehrere Generationen hinweg seine Attraktivität nicht genommen, aber sie erschweren das alltägliche Miteinander, das Zusammenleben und den regelmäßigen Austausch zwischen Menschen in verschiedenen Lebensphasen – nicht nur innerhalb der Familie, sondern durch die gesamte Gesellschaft hindurch. Diese Beobachtung hat nichts mit dem viel beschworenen „Kampf der Generationen" zu tun; eher ist das Gegenteil der Fall.

Viele Studien belegen, dass die Generationenbeziehungen in Deutschland durchweg positiv erfahren werden. Es gibt den Zusammenhalt, die Solidarität in der eigenen Familie. Allerdings gibt es, zumal außerhalb der eigenen Familie, immer weniger Gelegenheiten, mit Menschen aus anderen Lebensaltern zusammenzutreffen. Die Generationen sind neugierig aufeinander, aber sie begegnen sich nicht mehr im Alltag.

Das Verschwinden der Großfamilie ist nicht folgenlos geblieben. Wie jede soziale Struktur, seien es Gemeinden, Vereine oder Parteien, ist auch die Familie ein gesellschaftlicher Funktionsträger. Wo die Familie bestimmte elementare Funktionen nicht mehr erfüllen kann, ist die Gesellschaft gefordert. Eine moderne Gesellschafts- und Generationenpolitik muss sich der Herausforderung stellen, die Leerstellen, die der Familienverbund als Unterstützungsnetzwerk und Vermittlungsstelle von Alltagskompetenz hinterlassen hat, zu füllen. Dabei geht es nicht darum, unüberwindliche Gräben zu überbrücken. Eher müssen ganz alltägliche Strukturen geschaffen werden, in denen der Nachfrage nach einem verlässlichen, freundschaftlichen und unkomplizierten Sozialverbund ein Angebot gegenübersteht. Zunächst ist solch eine Struktur vielleicht nur ein Raum und eine Idee: ein Haus, in dem sich verschiedene Generationen treffen, weil sie dort ohne größere Transaktionskosten ein funktionierendes soziales Netzwerk antreffen; ein Ort, an dem man verlässlich findet, was man an kleinen Hilfestellungen braucht, und an dem man sich einbringen kann; ein Kondensationspunkt, an dem aus einer bedarfsgerechten Dienstleistungsstruktur und einem Gemeinschaftsangebot das Miteinander der Generationen Alltag wird – weil jeder etwas davon hat.

Um solche Strukturen effizient und intelligent zu fördern, um herauszufinden, wo Bedarf besteht, um attraktive Angebote zu schaffen und um die richtigen Anreize zu setzen, muss zuerst klar sein, was die maßgeblichen gesellschaftlichen Herausforderungen sind. Hier herrscht Einigkeit: In Deutschland werden zu wenig Kinder geboren, auch und besonders weil die Vereinbarkeit von Familie und Beruf oft eine Hürde darstellt. Der demografische Wandel ist nicht nur eine finanzielle Belastung, das Nebeneinander der Generationen führt auch, vor allem bei älteren Menschen, häufig in die Isolation. Eine steigende Zahl von Kindern ist weite Teile des Tages ohne Betreuung, ihre Sozialisierung findet durch das Fernsehprogramm oder durch Computerspiele statt. Viele Langzeitarbeitslose verlieren die soziale Anbindung, was wiederum ihre Integration in den Arbeitsmarkt erschwert.

Die meisten dieser Herausforderungen wurden noch vor wenigen Jahrzehnten innerfamiliär bewältigt. Im Zuge der Individualisierung der Gesellschaft hat der Staat, unterstützt von karitativen und privatwirtschaftlichen Organisationen, eine Reihe dieser Aufgaben übernommen. Es gibt eine öffentliche Verantwortung. Nun sind wir in einer Situation, in der das Gemeinwesen diese Leistungen mit den zur Verfügung stehenden Mitteln kaum noch leisten kann. Angesichts begrenzter Mittel müssen also bisher ungenutzte Potenziale fruchtbar gemacht werden, wir müssen brachliegende Ressourcen aufs Neue erschließen.

Hier setzt das Aktionsprogramm Mehrgenerationenhäuser an. Das Projekt will die Vorteile und Leistungen und damit das Potenzial von familiären Netzwerken bewahren, stärken und in eine moderne Form übertragen. Mehrgenerationenhäuser ersetzen nicht die Familie, aber sie nutzen das strukturelle Vorbild der Großfamilie, um verlässliche, regionale Netzwerke zu bilden. Mehrgenerationenhäuser schaffen Plattformen, die es Menschen ermöglichen, ihre Fähigkeiten der Gemeinschaft zur Verfügung zu stellen. Mit Mehrgenerationenhäusern setzt die Politik auf neue Strukturen, die private und freiwillige Initiativen unterstützen und sie klug mit staatlichen Leistungen verbinden. Mehrgenerationenhäuser sind Orte, an denen das Prinzip der Großfamilie in moderner Form gelebt werden kann, wo sich Menschen aller Generationen ganz selbstverständlich im Alltag begegnen, voneinander lernen und Unterstützung erfahren.

Konkret heißt das: Mehrgenerationenhäuser sollen sich in ihrer Region als Dienstleistungsunternehmen etablieren, indem sie einerseits eine Vermittlungsplattform für haushaltsnahe Leistungen sind – etwa für Kinderbetreuung, Wäscheservice, Mittagstisch oder Altenbetreuung – und andererseits auch selbst Leistungen erbringen. Je nach dem Schwerpunkt des einzelnen Hauses kann das zum Beispiel Altenpflege oder Kinderbetreuung sein. Als Dienstleistungsplattform bieten Mehrgenerationenhäuser auch Menschen ohne Arbeit Chancen, sich zu qualifizieren und eine Existenz aufzubauen: Frauen wie Männer können dort Arbeitsplätze anmieten, Läden eröffnen oder beispielsweise beim Pflegedienst oder dem Essensservice eine Anstellung finden. So werden Mehrgenerationenhäuser vor allem im Bereich familiennaher Dienstleistungen zu einem Motor für Existenzgründungen und etablieren einen lokalen Markt für solche alltäglichen Leistungen, die jungen Familien und älteren Menschen flexibel und günstig helfen, den Alltag besser zu bewältigen.

Diese Konzentration nicht nur auf die Leistungsfähigkeit der Einrichtung, sondern auch und gerade auf die Leistungsfähigkeit der Nutzer ist kennzeichnend für ein Umdenken in der Förderpolitik. Intelligent fördern heißt, die Trennung zwischen Wirtschaft und Wohlfahrt, zwischen Leistungsträgern und Leistungsempfängern zu überwinden. Wirtschaft und Wohlfahrt zu verbinden heißt auch, die regionale Wirtschaft sowohl als Anbieter als auch als Kunden in die Arbeit der Mehrgenerationenhäuser einzubinden. So können und sollen zum Beispiel Betreuungsangebote für Kinder, der Essensservice oder der Wäscheservice des Mehrgenerationenhauses auch von ortsansässigen Betrieben genutzt und dadurch mit finanziert werden.

Dass Mehrgenerationenhäuser keine soziale Utopie sind, sondern sich tatsächlich zu regionalen Dienstleistungszentren entwickeln, zeigen positive Erfahrungen mit schon bestehenden Projekten in Deutschland. Denn das Ziel des Aktionsprogramms ist nicht, gewachsene Infrastrukturen zu ersetzen, sondern bestehende und teilweise sehr erfolgreiche Einrichtungen durch Förderung und Vernetzung zu stärken und für alle Generationen zu öffnen. Die Förderung etablierter Einrichtungen mit einem zusätzlichen Schwerpunkt erlaubt es zudem, die Stärken eines bundesweiten Programms mit den regionalen Kompetenzen der einzelnen Einrichtungen zu verbinden. Diese lokalen Kompetenzen, die regionale Vernetzung und die genaue Kenntnis der Bedürfnisse vor Ort sind die unabdingbare Voraussetzung dafür, bedarfsorientierte und relevante Angebote zu entwickeln. Auf diesem Gebiet lässt das Aktionsprogramm den einzelnen Häusern größtmögliche Freiheit. Gleichzeitig soll aber nicht jede Einrichtung auf sich alleine gestellt sein, sondern vom Netzwerk der Mehrgenerationenhäuser und damit von den Erfahrungen und Entwicklungen der Projekte überall im Land profitieren. Hier zeigen sich die Stärken eines bundesweit aufgestellten Programms. Alle Einrichtungen stehen über eine spezielle Intranetplattform und das Internet miteinander im Dialog. Diese Plattformen ermöglicht den Austausch zwischen Häusern auf Sylt und im Schwarzwald, zwischen Einrichtungen in der Lausitz und in der Eifel.

Die digitale Vernetzung der einzelnen Projekte erlaubt es auch, die Häuser weit über die finanzielle Förderung hinaus zu beraten und zu begleiten. Im Intranet der Mehrgenerationenhäuser steht eine Reihe von Instrumenten zur Verfügung, die es den einzelnen Einrichtungen ermöglichen, sich weiter zu qualifizieren. Für viele Mehrgenerationenhäuser ist es eine große Umstellung, als wirtschaftliche Einheit zu handeln, Werbung für sich zu betreiben und sich in der Öffentlichkeit professionell darzustellen. Die gemeinsame Plattform bietet

Instrumente und Maßnahmen an, die jede Einrichtung in die Lage versetzen, diesem Anforderungsprofil gerecht zu werden. Denn nur ein Mehrgenerationenhaus, das eng mit der Wirtschaft kooperiert, seine Angebote klar kommuniziert und seine Leistungen ansprechend vermittelt, kann als Keimzelle sozialer und ökonomischer Vernetzung auch die Versorgung mit öffentlichen Dienstleistungen verbessern, Menschen aus der Isolierung führen, Familien den Alltag erleichtern und letztlich sogar Arbeitsplätze schaffen.

Um größtmögliche Verlässlichkeit im Hinblick auf die Leistungen von Mehrgenerationenhäusern zu gewährleisten und gleichzeitig den Begriff „Mehrgenerationenhaus“ als ein Qualitätsversprechen zu etablieren, müssen die Einrichtungen bestimmte Kriterien erfüllen. Dies ist die Voraussetzung für die Aufnahme in das Aktionsprogramm Mehrgenerationenhäuser. Die zentralen Merkmale für die laufende Beratung und damit Weiterentwicklung der Häuser sind:

- die Einbindung aller vier Lebensalter
- generationenübergreifende Angebote, die den Austausch zwischen verschiedenen Altersgruppen ermöglichen und fördern
- ein Betreuungsangebot für Kinder, um berufstätige Eltern zu entlasten
- die Einbeziehung der lokalen Wirtschaft
- das Potenzial, sich zu einer Informations- und Dienstleistungsplattform zu entwickeln
- ein offener Tagestreff
- die Zusammenarbeit von haupt- und ehrenamtlichen Kräften auf gleicher Augenhöhe.

In diesem Kriterienkatalog nimmt die Gleichstellung von Haupt- und Ehrenamt eine Sonderrolle ein. Das Ziel, gesellschaftliche Potenziale stärker als bisher zu nutzen und das soziale Kapital der Regionen durch ein familiäres und nachbarschaftliches Miteinander zu stärken, wird nur erreicht, wenn es Menschen möglich ist, ihre Leistungsfähigkeit ungehindert einzubringen. Leistungen sind nicht weniger wertvoll, nur weil sie ehrenamtlich erbracht werden. Gerade diese Leistungen können erheblich zum Gelingen des Projekts beitragen und sollen dementsprechend gleichberechtigt bewertet werden.

Bis Ende 2007 wird es in jedem Landkreis und in jeder kreisfreien Stadt Deutschlands mindestens ein Mehrgenerationenhaus geben. Das sind insgesamt 500 verlässliche Anlaufstellen, in denen Begegnung zwischen allen Lebensaltern stattfindet, freiwilliges Engagement fruchtbar wird und Kinder und Jugendliche schon früh Integration und Förderung erfahren; 500 Orte, an denen ältere Menschen nicht nur betreut, sondern gebraucht werden; 500 Orte, die helfen, Familie und Beruf miteinander zu vereinbaren und Menschen für den Einstieg oder Wiedereinstieg in den Beruf zu qualifizieren.

Um dieses Ziel zu erreichen, werden die Mehrgenerationenhäuser auf allen Ebenen ihrer Arbeit unterstützt: Über finanzielle Förderung, qualifizierende Maßnahmen und den Austausch mit anderen Einrichtungen hinaus können die Häuser die Hilfe einer eigens eingerichteten Serviceagentur in Anspruch nehmen, die sie in strukturellen und organisatorischen Fragen berät. Das gesamte Aktionsprogramm wird zudem wissenschaftlich begleitet. Schon zu Beginn werden auf der Basis der Bewerbung gemeinsam mit den Einrichtungen klare Ziele erarbeitet. Über die gesamte Laufzeit wird jedes Projekt regelmäßig evaluiert. Diese Daten dienen zum einen der ständigen Prüfung der Projektfortschritte. Zum anderen bieten sie den Häusern selbst die Möglichkeit, den Erfolg ihrer Projekte mit dem anderer Einrichtungen zu vergleichen und ihr Angebot gegebenenfalls zu modifizieren. Gleichzeitig soll die Evaluierung die gesellschaftlichen und wirtschaftlichen Impulse, die Stärkung des Angebots an familiennahen Dienstleistungen und die Nachhaltigkeit der Strukturen anhand gesicherter Daten belegen und nachvollziehbar machen. Darüber hinaus wird das gesamte Aktionsprogramm von einem Kompetenznetzwerk aus Wissenschaftlern, Journalisten und Familienexperten begleitet und beraten.

Das Ziel, das mit dem Konzept von Mehrgenerationenhäusern erreicht werden soll, ist mehr Gesellschaft, mehr Gemeinschaft und mehr Leistung für die Region. Wir wollen Kompetenzen stärken und damit gesellschaftliche Potenziale gemeinsam besser nutzen, als es in einer anonymisierten und individualisierten Gesellschaft möglich ist. Dieses soziale Kapital zu aktivieren ist nicht nur ein politisches Anliegen, es ist angesichts der Herausforderungen, die vor uns liegen, eine gesellschaftliche Notwendigkeit.

Gisela A. Erler / Annemarie Gerzer-Sass

Von der Idee „Mehrgenerationenhaus" zu einem lebendigen Aktionsprogramm

Wussten Sie schon, dass es heute immer mehr Generationenspielplätze gibt? Dass immer öfter Bocciaplätze neben Kinderschaukeln gebaut werden und sich dort tatsächlich ein buntes Durcheinander der Generationen entwickelt? – Wie plant und errichtet man einen solchen Spielplatz? Muss das eigentlich genehmigt werden? Wie kann man Freiwillige für ihr Engagement belohnen und langfristig motivieren? Welche Qualifikationen braucht man für die Arbeit in einem Mehrgenerationenhaus? Wie schafft es ein Mehrgenerationenhaus, dass Betriebe aus der Umgebung Möbel und Ausstattung spenden oder dass die Mitarbeiter und Mitarbeiterinnen aus diesen Betrieben zum Mittagessen ins Mehrgenerationenhaus kommen? Dass sie bei der Renovierung des Bistros helfen oder dass Unternehmen jugendliche Bewerber aus dem Mehrgenerationenhaus bei sich zum Praktikum einladen?

Das sind einige der zahllosen Fragen, die die konkrete Umsetzung der zentralen Kriterien des Aktionsprogramms betreffen und den Aktiven aus den Mehrgenerationenhäusern unter den Nägeln brennen. Es sind Fragen, die von der Lebendigkeit und Quirligkeit der Versuche im Land zeugen, ein neues Miteinander der Generationen zu stiften, die aber auch deutlich machen, wie viele rechtliche, wirtschaftliche, psychologische, pädagogische und Management-Fragen beantwortet werden müssen, um die ursprüngliche Begeisterung von Menschen in produktive Bahnen zu lenken.

Bei der Suche nach Antworten und bei der Zusammenführung von Erfahrungen aus der Praxis hilft die Serviceagentur im Aktionsprogramm Mehrgenerationenhäuser mit ihrem umfassenden Beratungs- und Vernetzungskonzept. Das Besondere am Aktionsprogramm ist, dass die konkreten Erfahrungen und Kompetenzen der Häuser vor Ort möglichst unverfälscht und zeitnah mit anderen Häusern bundesweit ausgetauscht werden können. Die Vielfalt und Buntheit des Wissens zwischen Ostsee, Erzgebirge und Alpen soll ungefiltert von einem Ort zum anderen gelangen. Ein weiteres Ziel des Aktionsprogramms ist es, dass tausende aktive Senioren, Schüler, Kinder, Hausfrauen, Berufstätige, die sich hier einbringen, ihre Kompetenzen erweitern – sodass nicht nur Wissen ausgetauscht wird, sondern auch neue Inhalte entstehen können.

Nach Ablauf des Aktionsprogramms, das auf fünf Jahre angesetzt ist, soll ein gut verknüpftes bundesweites Netzwerk mit funktionierenden Arbeitsstrukturen entstanden sein, dessen Erfahrungsreichtum auch anderen Menschen und Institutionen zur Verfügung steht, die die Idee des Mehrgenerationenhauses weiterentwickeln und praktisch leben wollen. Im Gegensatz zu vielen Programmen, wo das Know-how am Ende in Aktenordnern verkümmert, soll diese Plattform weiter lebendig bleiben. Nach fünf Jahren soll auch deutlich geworden sein, welche konkreten Angebote der Häuser welche Spuren hinterlassen haben und welche Projekte lebensfähig sind – aber auch, wo eine scheinbar gute Idee doch nicht überlebt hat. Haben Großelterndienste wirklich funktioniert? Wenn nein, wo lagen die Hürden? Haben türkische Mütter wirklich an Sprachkursen und Spielgruppen teilgenommen? Ist es tatsächlich gelungen, und wenn, dann wie, Schüler dauerhaft zu motivieren, älteren Leuten den PC zu erklären? Haben Kommunalverwaltungen neue Wege gefunden, ein Mehrgenerationenhaus auf sichere finanzielle Füße zu stellen? Konnten feste Brücken zur lokalen Wirtschaft geschlagen und gemeinsame Projekte realisiert werden, die für beide Seiten Vorteile gebracht haben?

Im Aktionsprogramm werden alle Aktivitäten und die dafür eingesetzte Arbeitszeit von Ehrenamtlichen oder Hauptamtlichen sowie die Nutzerzahlen genau dokumentiert und sichtbar gemacht – niemals in Papierform, sondern stets im Internet und damit breit verfügbar. Und das geschieht von Anfang an und nicht erst, wie sonst in der Wissenschaft meist üblich, erst lange nach Ende der Projektlaufzeit. Festgehalten und im Internet sichtbar wird auch, wie zufrieden diejenigen, die in die Häuser kommen, mit dem sind, was sie dort vorfinden. Die Informationen über das Profil und die Eigenheiten der Häuser stehen damit, gut aufbereitet, allen Beteiligten zur Verfügung. Wer z. B. einen erfolgreichen Ansatz für betriebliche Patenschaften entwickelt hat, kann dies im ganzen Land sichtbar machen und dafür gleichgesinnte Partner gewinnen. Das Rad muss nicht überall und immer wieder neu erfunden werden, die gleichen Fehler brauchen nicht im Schwarzwald und in der Lausitz immer wieder gemacht zu werden.

Es gibt heute wirksame Mittel und Methoden, vor Ort gewonnenes Erfahrungswissen, aber auch rechtliche und fachliche Kompetenzen schnell zu verbreiten. Das Intranet, ein nur für die Mehrgenerationenhäuser und ihre Nutzer bestimmtes Internet, mit dem sogenannten „Schwarzen Brett“ ist eines der wichtigsten Instrumente für den virtuellen Meinungs- und Erfahrungsaustausch. Hier können alle Beteiligten Fragen und Nachrichten eingeben oder nachlesen. Von Buxtehude bis Zwickau – den Themen sind keine Grenzen gesetzt. Jeder kann von den Erfahrungen der anderen lernen und sich Inspiration und Motivation holen. Es zeigt sich, dass nicht nur junge Leute gerne dieses Mittel nutzen, sondern auch Rentnerinnen und Rentner mit Eifer von diesen Möglichkeiten Gebrauch machen.

Das Intranet ist aber nur ein Teil des umfassenden Beratungskonzeptes, das die Serviceagentur im Aktionsprogramm den Mehrgenerationenhäusern bietet. Für die gezielte Fortbildung wird auch das Mittel der Telefonkonferenzen eingesetzt: Wer dieses bisher noch nicht benutzt hat, kann sich oft nicht vorstellen, dass es dank hervorragender technischer Strukturen heute tatsächlich möglich ist, mehrere hundert Personen per Telefon mit einem Vortrag zu informieren, der gleichzeitig durch eine optische Darstellung auf einem Computer unterstützt wird. Teilnehmerinnen und Teilnehmer können sich per Knopfdruck melden und Diskussionsbeiträge einbringen – und eine externe Moderation verhindert, dass sie durcheinanderreden. Für viele ist diese Form der Begegnung mit anderen ein überzeugendes Aha-Erlebnis, das ihren Eintritt in die Welt der modernen Vernetzung sehr erleichtert.

In solchen Konferenzen berichten erfahrene Häuser zum Beispiel von ihrer Zusammenarbeit mit lokalen Unternehmen. Ob es der lokale Bäcker oder die ortsansässige Fleischerei ist, der Blumenladen oder die örtliche Wohnungsbaugesellschaft: es gibt sehr viel Potenzial für eine Zusammenarbeit. Zum Beispiel kann ein Unternehmen einen finanziellen Beitrag für den pädagogischen Mittagstisch oder die im Mehrgenerationenhaus angebotene Hausaufgabenhilfe zahlen. Oder Rentner aus dem Umfeld eines Betriebes übernehmen Hol- und Bringdienste für Kinder, deren Eltern diese nicht leisten können. Diese Erfahrungen helfen anderen Mehrgenerationenhäusern, selbst auf die lokalen Unternehmen zuzugehen und Ideen für eine Zusammenarbeit zu entwickeln. Zum Nachlesen und Recherchieren steht dann das gesammelte Wissen im Intranet in einem weiteren Bereich, dem „Know-how"-Bereich, zur Verfügung: Hier findet sich eine strukturierte Wissensbasis, welche ständig erweitert wird.

Doch nicht nur der virtuelle Wissensbereich im Intranet und der Austausch am Schwarzen Brett oder über die Telefonkonferenzen machen das Beratungskonzept aus. Auch die reale Begegnung unter den Häusern und die gegenseitige Beratung soll gefördert werden, immer dem Gedanken folgend, dass die wichtigsten Kompetenzen für das Projekt in den demnächst 500 Häusern selbst angesiedelt sind, dass die Beratung nur ergänzende, unterstützende und Prioritäten setzende Funktion hat. „Leuchtturmhäuser" zum Beispiel stellen ihre Erfahrungen zu jeweils einem bestimmten Themenbereich anderen Mehrgenerationenhäuser zu Verfügung. Es gibt Leuchtturmhäuser z. B. zu Fragen zur Arbeit mit Migranten, zur Zusammenarbeit der Generationen, zu haushaltsnahen Dienstleistungen. Sie stehen allen Projektbeteiligten für persönliche Beratung per E-Mail oder per Telefon zur Verfügung; sie stellen ihr Wissen auch im Intranet zur Verfügung oder berichten bei Treffen von ihren Erfahrungen. Für solche Sonderaufgaben werden im Projekt Extra-Gelder bereitgestellt, um das zusätzliche Engagement, das dafür erforderlich ist, auf solide Füße zu stellen.

Einmal pro Quartal treffen sich die sogenannten regionalen Moderationskreise zum persönlichen Austausch. Häuser aus einer Region werden jeweils vom einem Moderationshaus betreut, welches die Treffen organisiert. Jedes Mal ist ein anderes Mehrgenerationenhaus Gastgeber: Dies ermöglicht es, viele verschiedene Häuser zu sehen und zu erleben, was ein wichtiger Weiterbildungseffekt ist.

Diese regionalen Treffen sind der Anstoß für die weitere Vernetzung untereinander. So plant das Mehrgenerationenhaus aus Osterholz-Scharmbeck, demnächst nach Salzgitter zu fahren. In Salzgitter kann man sich viel Inspiration für die Gestaltung eines offenen Treffs und eines attraktive Mittagstisches holen. Auch die Einbeziehung von Existenzgründern ist dort sehr gut umgesetzt: So gibt es eine Ladenstraße mit einem Secondhandshop, einem Friseur und einer Dienstleistungsvermittlungsagentur. Bei den Moderationskreistreffen werden Ideen, die bisher nicht realisierbar erschienen, diskutiert, Tipps gegeben und Mut gemacht für die weitere Weiterentwicklung. Denn nichts motiviert mehr als der persönliche Austausch über Erfolge, aber auch Misserfolge. Oft entsteht durch dieses Treffen ein Kontakt, der weiterlebt.

Das Aktionsprogramm wird letztlich daran gemessen werden, ob die Begeisterung der Menschen, die sich hier einbringen, tatsächlich einen Unterschied macht für die Qualität des Zusammenlebens in unserem Land, ob also Menschen vor Ort wirklich erfahren, dass sie leichter Kontakte und Unterstützung finden, dass sie ihren Alltag in jeder Lebensphase besser bewältigen können. Letztlich geht es darum, die Sprachlosigkeit der Generationen untereinander ein Stück weit zu überwinden. Dazu bedarf es neuer Instrumente, eines neuen Denkens und neuer Strukturen – das *Willkommen* für Alt und Jung *zugleich* muss überall großgeschrieben werden.

In diesem Programm wird nicht nur blind gehandelt, sondern es gibt zugleich die Möglichkeit zu wissenschaftlich fundiertem Vergleich und ständiger motivierender Erfolgskontrolle. Letztlich geht es nicht nur um irgendwelche neuen Dienstleistungen und Angebote, sondern um eine neue Mentalität, die das Älterwerden so vieler Menschen im Land als das begreift, was es tatsächlich ist: ein ungeheurer Zuwachs an Wissen, Erfahrung, Potenzialen und menschlichem Reichtum. Individuen, Organisationen, Wirtschaft und Staat müssen einen neuen „Energie-Mix" (analog zur Umweltfrage) finden, um diese neuen Aufgaben im Sinne von Lebensqualität für alle zu lösen. Die Mehrgenerationenhäuser sind also sozusagen ein transparentes Großlabor im Rahmen der sozialen Umweltbewegung. Das hier gewonnene Wissen wird dazu dienen, die möglichen und notwendigen Transformationen der Gesellschaft besser zu begreifen sowie sie gezielter voranzubringen und dabei möglichst viele Personen und Institutionen als aktiv Beteiligte mitzunehmen.

Hans Bertram

Nachhaltige Familienpolitik für alle Generationen – Zeit, Infrastruktur und Geld

Nachhaltige Familienpolitik möchte der nachwachsenden Generation die gleichen Möglichkeiten zu einer freien Entscheidung für ein Leben in Partnerschaft, ein Leben mit Kindern und mit den eigenen Eltern und Großeltern geben wie ihrer Elterngeneration. Diese Interpretation von Nachhaltigkeit setzt vor Allem darauf, dass die nachwachsende Generation in eigener Verantwortung über ihre private Lebensführung und ihre eigene Zukunft entscheiden kann, vor allem darüber, ob sie ein Leben mit Kindern führen will und inwieweit sie auch die Beziehungen zu den eigenen Eltern und Großeltern als wichtiges Element der eigenen Lebensführung sieht. Damit unterscheidet sich diese Interpretation deutlich von Vorstellungen, die Familienpolitik vor allem auf die Frage reduzieren, ob und inwieweit familienpolitische Maßnahmen sicherstellen, dass genug Kinder geboren werden, um ausreichend qualifizierte Arbeitskräfte und eine hinreichende Anzahl von Beitragszahlern zu haben, die die umlagefinanzierten Alterssicherungssysteme stabilisieren.

Nachhaltigkeit in der Familienpolitik bedeutet primär die Verantwortung der gegenwärtig aktiven Generation, die Entscheidungsspielräume für die nachwachsende Generation zur eigenen Gestaltung des Lebensverlaufs und für Familie und

Partnerschaft zu ermöglichen und damit die Zukunftschancen der nachwachsenden Generation so zu gestalten, dass solche Entscheidungsspielräume auch erhalten bleiben. Eine solche Konzeption bedeutet auch, dass unterschiedliche Lebensentwürfe und unterschiedliche Vorstellungen von Partnerschaft, vom Umgang mit Kindern und von der Übernahme von Verantwortung gegenüber der älteren Generation möglich sind und nicht nur eine bestimmte Lebensform als Ziel einer nachhaltigen Familienpolitik gelten kann.

Damit sind die besonderen Schwierigkeiten einer nachhaltigen Familienpolitik auch schon umrissen. Die tief greifenden Veränderungen in der modernen Gesellschaft lassen kaum Aussagen darüber zu, unter welchen ökonomischen, kulturellen und politischen Rahmenbedingungen die nachwachsende Generation ihre Entscheidungen im Hinblick auf Partnerschafts-, Kinder- und Generationenbeziehungen tatsächlich treffen wird. Viele Sicherheiten des privaten Lebens und der privaten Lebensführung der Vergangenheit haben heute und in Zukunft kaum noch Bestand, wie am Beispiel des Wandels der Mutter- und Frauenrolle deutlich wird. In der europäischen Geschichte[76] bildeten die Rolle der Frau und die Rolle der Mutter eine untrennbare Einheit, und zwar als Konsequenz der geringeren Lebenserwartung bis zum Beginn des 20. Jahrhunderts und der höheren Geburtenraten bis in die Mitte des 20. Jahrhunderts. Die lange Lebenszeit und die zunehmende Vitalität auch älterer Menschen haben zusammen mit den geringen Geburtenzahlen diese Einheit aufgelöst.

---

[76] Mitterauer 2003.

Damals wusste jede junge Frau, die sich zur Heirat entschloss und in der Lage war, Kinder zu bekommen, dass ihr Leben von den Geburten und dem Aufwachsen der Kinder geprägt sein würde.[77] Der Rückgang der Säuglingssterblichkeit, der Gewinn an Sicherheit und die deutlich erhöhte Überlebenswahrscheinlichkeit der Mütter bei der Geburt ihrer Kinder führten in Kombination mit dem Geburtenrückgang in den siebziger Jahren des 20. Jahrhunderts zu jenen „gewonnenen Jahren", die die Einheit von Mutterrolle und Frauenrolle aufgelöst haben. Heute ist die Mutterrolle lediglich eine begrenzte Lebensphase in einem sehr langen Leben.

Dieser Prozess wird sich noch fortsetzen, weil die Lebenserwartung der nachwachsenden Generation gegenüber der heutigen Elterngeneration noch einmal deutlich angestiegen ist und ein heute geborenes Kind eine 50-prozentige Wahrscheinlichkeit hat, 100 Jahre und älter zu werden.[78] Eine nachhaltige Familienpolitik ist damit heute aufgefordert, die Rahmenbedingungen für die langen Lebensverläufe von Frauen und Müttern so zu gestalten, dass die Entscheidung für Partnerschaft und Kinder zwar einen Teil des Lebensentwurfs ausmacht, wenn man sich für diesen Lebensentwurf entscheidet, aber die Lebensentwürfe der jungen Frauen sich nicht allein auf die Erziehung der Kinder konzentrieren wie noch in der Generation ihrer Urgroßmütter und Großmütter. Denn hier sind gegenüber der älteren Generation Lebensjahre gewonnen, für die neue Rahmenbedingungen zu schaffen sind.

---

[77] Bertram 1997, Livi-Bacci 1999.
[78] Vaupel und Kristowski 2007.

Diese Frage ist historisch ebenso neu wie die Frage, wie familiäre Beziehungen im Generationenverlauf in Zukunft gestaltet werden. Denn das lange Leben führt auch dazu, dass die ältere Generation an der Entwicklung und Gestaltung der Gesellschaft mehr teilnehmen möchte als die eigene Elterngeneration. Die Betrachtung der Generationenbeziehungen wurde bisher in der klassischen Familienforschung wie in der Politik auf die Frage der Beziehung zwischen Eltern und Kindern konzentriert. Jedoch stellt sich einer Gesellschaft, in der neben den Großeltern häufig auch noch Urgroßeltern leben und zudem die Generation der Großeltern viel vitaler ist als die Generation der Urgroßeltern, auch die Frage der aktiven Lebensgestaltung im Alter und der aktiven Beziehungen zwischen den Generationen anders als in einer Gesellschaft, die die ältere Generation letztlich als Versorgungsfall betrachtet. Auch hier gibt es ähnlich wie für den Wandel des Lebensverlaufs bei den Frauen empirisch nachprüfbare Fakten. So berechnet die OECD für Deutschland bei einem durchschnittlichen Gewinn von etwa 1,6 Lebensjahren auf 10 Jahre einen Gewinn von 1,9 Jahren, in denen die ältere Generation frei von Behinderung ein eigenständiges Leben führen kann.[79] Nicht umsonst widmet sich der jüngste Altenbericht genau der Frage, welche Gestaltungsmöglichkeiten zur produktiven Nutzung der Potenziale der älteren Generation die moderne Gesellschaft bis heute entwickelt hat.[80]

Unabhängig von diesen demografischen Verschiebungen hat sich aber auch die Beziehung zwischen Familie und

---

[79] OECD 2004.

[80] Bundesministerium für Familie, Senioren, Frauen und Jugend 2005.

Arbeitswelt grundlegend gewandelt. Die arbeitsteilig organisierte Industriegesellschaft konnte überhaupt nur existieren, weil die Arbeitszeit und damit die Verfügbarkeit des Vaters und Mannes den Bedürfnissen der industriellen Produktion untergeordnet waren. Das war nur möglich, weil die Fürsorge für andere, die Hausarbeit und die Beziehungen innerhalb des familiären Kontextes Sache der Hausfrauen und Mütter waren, die selbst nicht erwerbstätig waren.

Mit dem Verschwinden der Industriegesellschaft und dem Aufkommen von Dienstleistungen im personalen wie auch industriellen Bereich ließ sich diese Form der Arbeitsteilung nicht mehr aufrechterhalten. Zudem sind die Zeitstrukturen nicht mehr so klar organisiert, denn die Dienstleistungen im personalen Bereich richten sich nach den Bedürfnissen derjenigen, die sie in Anspruch nehmen. Wer in der Hauspflege tätig ist, muss sich in vielem nach den Versorgungsansprüchen der betreuten Personen richten. Aber auch die in der Industrie erbrachten Dienstleistungen werden zunehmend in Form von Projekten organisiert, die in ihren Zeitstrukturen an den Bedürfnissen der Auftraggeber, an den Kreativitätsphasen der Projektmitarbeiter und an häufig nicht vorhersehbaren Terminen orientiert sind. Berufszeit und private Zeit lassen sich kaum noch angemessen voneinander trennen.

Zudem löst sich in der Dienstleistungsgesellschaft auch die Arbeitsteilung zwischen Mann und Frau auf, weil das Humankapital viel wichtiger ist als das ökonomische Kapital und die wissensbasierte Dienstleistungsgesellschaft auf das weibliche Humankapital ebenso angewiesen ist wie auf das männliche. Der früher als „natürlich" erlebte Zusammenhang zwischen weiblicher Lebensperspektive und Mutterrolle besteht nicht mehr, und damit gibt es auch keine quasi-natürliche Legitimation der Arbeitsteilung zwischen Mann und Frau mehr. Daher wird eine nachhaltige Familienpolitik immer auch die Frage der Gleichheit der Geschlechter als ein zentrales Thema akzeptieren. Sie wird daher versuchen, die Rahmenbedingungen für die Partnerschaft für die Entscheidung für Kinder sowie die Beziehungen zwischen den Generationen so zu gestalten, dass in den Lebensverläufen von Männern und Frauen Zeit für Partnerschaft, Zeit für Kinder und für die Beziehungen zu anderen auch tatsächlich vorhanden ist. Darüber hinaus wird sie versuchen, die Potenziale des Alters, die Beziehungen zwischen den Generationen und die Fürsorge der Eltern für ihre Kinder ebenso wie die der Kinder für ihre Eltern nicht nur als zentralen Aspekt der Rahmenbedingungen des Lebens von Familien zu nutzen und zu sichern, sondern als Basis jeder Form gesellschaftlichen Zusammenhalts. Zum Dritten wird sie akzeptieren, dass in einer fortgeschrittenen postindustriellen Gesellschaft mit der Komplexität ihrer Zeitstrukturen und der Mobilisierung aller Humanressourcen die klassischen Vorstellungen hinsichtlich Ehe und Familie die Freiheitsspielräume der nachwachsenden Generationen einschränken, sodass nicht wenige sich nicht für Ehe und Familie, Partnerschaft und Kinder und die Fürsorge für die ältere Generation entscheiden.

Fürsorge im Lebensverlauf

Solange die Fürsorge für Kinder im Leben der Frau eine Einheit mit der eigenen Lebensperspektive bildeten, stellte sich die Arbeitsteilung zwischen Vater und Mutter innerhalb der industriegesellschaftlichen Familie als quasi-natürlich dar. Die amerikanische Soziologin Arlie Hochschild nennt diese Form der Fürsorge „warm-traditionell", weil die Mutter innerhalb der Familie von den zeitlichen und ökonomischen Zwängen der Erwerbsarbeit freigestellt war, um sich der Fürsorge für Kinder und Ehemann zu widmen.[81] Angesichts der Arbeitsbedingungen und ökonomischen Voraussetzungen in der zweiten Hälfte des 19. und der ersten Hälfte des 20. Jahrhunderts war dieses Modell für die Familien sehr attraktiv, wie empirische Untersuchungen noch aus den sechziger Jahren des 20. Jahrhunderts zeigen.[82] Die Herausforderung heute liegt genau darin, neue Optionen für den Lebensverlauf zu entwickeln, damit sich die positiven Aspekte der Fürsorge für andere relativ unabhängig von anderen Aufgaben entwickeln können und sich auch in Lebensentwürfe integrieren lassen, in denen diese Aufgabe buchstäblich nicht mehr ein Leben lang dauert. Der Siebte Familienbericht hat zur Weiterentwicklung der Fürsorgemöglichkeiten in der modernen Gesellschaft ein Modell des Erwerbslebenszyklus vorgeschlagen, und ganz ähnlich argumentiert auch die Bosch-Kommission „Starke Familien".[83] Grundgedanke dieses Modells ist es, die Dreiteilung des klassischen Lebensverlaufs, die dem Bismarck'schen Sozialstaat zugrunde lag, aufzugeben zugunsten eines Modells mit einer bunten Vielfalt unterschiedlicher Lebensphasen.[84]

Diese Vorstellung geht davon aus, dass Jugendliche und junge Erwachsene durch verkürzte Ausbildungsgänge ökono-

[81] Hochschild 1995.
[82] Pfeil 1961.
[83] Robert Bosch Stiftung 2006.
[84] Bundesministerium für Familie, Senioren, Frauen und Jugend 2006.

misch früher als bisher auf eigenen Füßen stehen. Diese Annahme ist realistisch, weil in naher Zukunft mehr ältere Menschen in den Ruhestand gehen als jüngere Menschen auf den Arbeitsmarkt kommen. Diese frühe Selbstständigkeit und Erwerbsarbeit soll aber immer wieder durch Phasen der Aus- und Weiterbildung durchbrochen werden können. Solche Modelle sind in ganz Europa üblich; in diesem Punkt unterscheidet sich Deutschland etwa von Frankreich oder den angelsächsischen Ländern, weil hier der gesamte Lebensverlauf wesentlich durch den ersten Berufsabschluss bestimmt wird. Im angelsächsischen Modell ist es im Bereich der akademischen Ausbildung hingegen üblich, nach dem BA-Abschluss mit 21 bis 22 Jahren eine Zeit lang zu arbeiten und dann neben der Arbeit oder auch als vollständig neue Ausbildung einen MA-Abschluss anzufügen. In diesem Modell bildet die Erstausbildung nur einen von mehreren Bildungsbausteinen im Lebensverlauf.

Das soll am Beispiel einer neuen Konzeption der Ausbildung zur Erzieherin verdeutlicht werden. Heute entscheiden sich viele junge Frauen nach dem Realschulabschluss für die Erzieherinnenausbildung; mit 20 bis 21 Jahren sind sie dann fertig ausgebildet und beginnen ihre Tätigkeit. Danach bleibt eigentlich nur die Möglichkeit, diesen Beruf unverändert bis zum 65. Lebensjahr auszuüben. In einem Modell des Erwerbslebenszyklus könnte eine Erzieherin nach fünf oder zehn Jahren, wenn sie das Gefühl hat, den bisherigen Beruf gut bewältigt zu haben, aber noch etwas anderes machen zu wollen, mit einem BA-Abschluss zusätzliche Qualifikationen erwerben und damit beispielsweise in den Lehrerinnenberuf umsteigen, um sich dann nach weiteren fünf Berufsjahren und mit einer weiteren Qualifikation vielleicht zur Gymnasiallehrerin zu entwickeln. Dieses Modell soll jedoch nicht nur bei pädagogischen Berufen gelten, sondern bei vielen, auch technischen Berufen; auch sollte es nicht ausgeschlossen sein, von einem Beruf im pädagogischen Bereich in andere Felder umzusteigen.

Ein solches Modell ermöglicht es dem Einzelnen, sein Leben in einem langen Lebensverlauf immer wieder selbst neu zu gestalten. In ein solches Modell lassen sich auch Lebensphasen integrieren, die sich wesentlich auf die Fürsorge für andere konzentrieren. Dadurch entstehen unterschiedliche Lebenssequenzen in einem vielfältigen und „bunten" Lebensverlauf zwischen beruflicher Qualifikation, ökonomischer Eigenständigkeit, Fürsorge für andere, neuen beruflichen Qualifikationen und neuer ökonomischer Eigenständigkeit. Solche Lebenssequenzen müssen nicht zwingend nur aufeinander folgen, sondern können auch parallel gelebt werden. Natürlich ergibt sich die Frage, wovon der- oder diejenige leben soll, der oder die sich eine Zeit lang der Fürsorge für andere widmet oder sich weiterbildet. Eine Antwort darauf, die der Siebte Familienbericht skizziert hat und die inzwischen in Deutschland auch Gesetz geworden ist, liegt im einkommensabhängigen Elterngeld. Dieses Modell folgt genau der Logik eines Erwerbslebenszyklus und unterstreicht, dass für die Gesellschaft die Fürsorge für Kinder genauso wichtig ist wie eine berufliche Tätigkeit. Auch die aktuellen Diskussionen und Überlegungen, ob es nicht möglich sein sollte, für eine bestimmte Zeit aus dem Arbeitsleben ausscheiden zu können, um die eigenen Eltern zu unterstützen, folgen diesem Modell.

Was allerdings in Deutschland bisher fehlt, ist die Weiterentwicklung des Bildungssystems zu einem sequenziellen Modell und eine diesem adäquate Finanzierung. Da lohnt sich ein Blick in die Niederlande, wo seit dem letzten Jahr versucht wird, genau ein solches Modell umzusetzen, indem für diese Zeiten das Geld herangezogen wird, dass bei uns erst mit dem Eintritt ins Rentenalter zur Verfügung steht. Die Konsequenz ist allerdings, dass man entweder eine geringere Rente bekommt, wenn man relativ früh mit der Arbeit aufhört, oder dass man die Zeit, die man zwischendurch mit Bildung und Fürsorge verbringt, später an den Erwerbslebenszyklus anhängt und länger arbeitet. Das ist eine plausible Perspektive angesichts der Tatsache, dass die ältere Generation nicht nur zahlreicher, sondern insgesamt auch vitaler geworden ist. Gegenwärtig ist es leichter, solche Lebensperspektiven für qualifizierte Berufe zu denken, aber das heißt nicht, dass sich nicht auch für Berufe mit größerem Krankheitsrisiko und für Menschen mit entsprechenden gesundheitlichen Problemen Formen beruflicher Teilhabe im höheren Lebensalter entwickeln lassen, die ein eigenständiges und aktives Leben ermöglichen.

In einem solchen Modell löst sich das demografische Problem des Auseinandertretens von Mutter- und Frauenrolle dadurch, dass die Lebensrollen selbst nicht mehr in Form eines Dreiphasenmodells geschlechtsspezifisch organisiert sind, sondern die Menschen individuell Phasen der Fürsorge mit solchen der Qualifikation und solchen der ökonomischen Selbstständigkeit miteinander verbinden können, und zwar so, wie sie das von ihrer eigenen Lebensplanung her für sinnvoll und richtig erachten.

Fürsorge im Alltag

In der Wissensgesellschaft besteht ein zentraler Widerspruch zwischen der Option, Fürsorge für andere auf der Basis persönlicher Bindungen zu leisten, und den ökonomischen Entwicklungstendenzen. Denn die Wissensgesellschaft benötigt alle Ressourcen an Humankapital, vor allem angesichts des globalen Wettbewerbs. Formen geschlechtsspezifischer Arbeitsteilung haben in diesen Gesellschaften eine nur geringe Zukunftschance. Von der Bildungsexpansion der siebziger und achtziger Jahre haben zunächst vor allem die damals jungen Frauen profitiert. Diese erfolgreiche Investition in die Talente und Motivationen der nachwachsenden Frauengeneration war eine der wesentlichen Grundlagen für die ökonomische Entwicklung der Wissensgesellschaft.

Aber nicht nur die zunehmende Integration der Frauen in das Erwerbsleben ist eine notwendige Voraussetzung für die Wissensgesellschaft, sondern auch die Bereitschaft, die starren Arbeitszeiten der Industriegesellschaft zugunsten flexibler Arbeitszeitformen aufzugeben. Die Entwicklung neuer Produkte, neuer Verfahren und spezifischer Anwendungen etwa im Bereich der Softwareentwicklung lässt sich kaum in einen Zeittakt mit drei Schichten von 6 bis 14 Uhr, 14 bis 22 Uhr und 22 bis 6 Uhr pressen. Solche Projekte folgen einem Zeitrhythmus, den die Projektnehmer, der Auftraggeber und die Kreativität der Gruppe bestimmen, nicht aber starre Zeitrhythmen. Auch im Bereich der personenbezogenen Dienstleistungen sind feste Arbeitszeiten zunehmend schwieriger zu realisieren.

Damit steht die Wissensgesellschaft – ähnlich wie es beim Übergang von der Agrar- zur Industriegesellschaft der Fall war

– vor der Herausforderung, solche neuen Zeitstrukturen zu schaffen, die die Integration unterschiedlicher Lebensbereiche ermöglichen. Während der Rhythmus der Agrargesellschaft den Jahreszeiten folgte und so die Integration familiärer und privater Aktivitäten mit der beruflichen Arbeit im Rhythmus der Jahreszeiten und teilweise auch der Tageszeiten ermöglichte, folgte die Industriegesellschaft dem Dreischichtensystem, das primär aber nur für einen Teil der Gesellschaft galt, nämlich die außerhäuslich erwerbstätigen Männer, während die Privatheit und die Organisation des familiären Alltags davon getrennt waren. So wie sich die Industriegesellschaft niemals in den Zeitstrukturen der Agrargesellschaft hätte entwickeln können, so kann auch die moderne Wissensgesellschaft nur noch in einem geringen Ausmaß dem Rhythmus der Industriegesellschaft folgen. Folglich werden neue Zeitstrukturen gebraucht. Wenn es auch gegenwärtig schwer ist, vorherzusagen, welche Zeitmodelle sich in Zukunft in Wissensgesellschaften zur Integration der unterschiedlichen Lebensbereiche entwickeln werden, so lassen sich doch zumindest die Herausforderungen sehr genau bezeichnen. Wenn die Wissensgesellschaften keine neuen Formen der Vereinbarkeit von Familie und Beruf finden, lässt sich die Fürsorge im Alltag nur über den Markt organisieren. Viele Aktivitäten, die im Rahmen der familiären Beziehungen zwischen den Partnern, zwischen Eltern und Kindern oder zwischen den Großeltern und den Enkeln und den eigenen Kindern heute auf der Basis personaler Bindungen entfaltet werden, lassen sich natürlich auch über den Markt abwickeln. In diesem Sinne lässt sich Liebe kaufen. Selbstverständlich können ältere, auf Unterstützung angewiesene Menschen in professionellen Pflegeeinrichtungen betreut werden mit entsprechender Bezahlung für die Leistungen. Es ist auch kein Problem, außerhäuslich voll erwerbstätig zu sein und die Betreuung der Kinder vollständig außer Haus zu organisieren.

Arlie Hochschild nennt diese Form der Fürsorge für andere „kalt-modern“, denn in diesem Modell werden familiäre Leistungen über den Markt abgewickelt. Hochschild und auch andere Autoren sehen dabei allerdings zwei Probleme. Zum einen bedeutet eine marktförmige Abwicklung familiärer Fürsorge eine Verstärkung sozialer Ungleichheit in modernen Gesellschaften, denn diejenigen mit einem hohen Einkommen können sich eine gut qualifizierte Fürsorge kaufen, wohingegen die übrigen mit den schlechteren Marktangeboten zurechtkommen müssen.

Der Haupteinwand gegen ein Modell der „kalt-modernen“ Fürsorge liegt aber darin, dass das Spezifische der Fürsorge in einer Partnerschaft sowie der Eltern für ihre Kinder und der Kinder für ihre Eltern auf sehr persönlichen individuellen Bindungen zwischen den Beteiligten basiert. Eltern engagieren sich für die eigenen Kinder aus Liebe zu ihnen, die sich auch nur auf die eigenen Kindern bezieht, ebenso wie sich Partner füreinander engagieren als Ergebnis ihrer personalen Bindung. Auch die Bereitschaft erwachsener Kinder, sich für die eigenen Eltern zu engagieren, beruht auf einer solchen personalen Bindung. Viele dieser personalen Bindungen enthalten gleichzeitig ein bestimmtes Maß an Ambivalenz, weil nicht alle Beziehungen immer befriedigend sind und so verlaufen, wie der Einzelne das vielleicht erwartet hat.[85] Trotzdem bilden diese Bindungen das Kernelement, das letztlich die Gesellschaft zu-

---

[85] Lüscher 2005.

sammenhält. Denn nur in einem solchen Gefüge gegenseitiger Bindungen entsteht die Bereitschaft, sich für andere zu engagieren, ohne dafür etwas zu erwarten, und nur hier entsteht auch das Gefühl der Verpflichtung, für diese anderen etwas zu tun. Daher hält Arlie Hochschild genau dies für die zentrale Aufgabe moderner Gesellschaften, eine neue Balance zwischen beruflichen Anforderungen und den damit verbundenen Zeitstrukturen einerseits und den familiären Bindungen und Beziehungen und der Zeit für Fürsorge andererseits zu finden, deren Zeitstrukturen ihrerseits mit den beruflichen nicht übereinstimmen.

Auch wenn es keine eindeutige und verbindliche Regelung für diese neue Balance zwischen Beruf und Familie geben kann, lassen sich doch einige Strategien skizzieren. Zunächst ist es sicher richtig, dass ein langer Lebenslauf den Menschen die Möglichkeit gibt, berufliche Anforderungen und die Zeit für Bindungen und Fürsorge so zu organisieren, dass sie nicht parallel ablaufen, sondern zum Teil aufeinander folgen. Das Elterngeld ist ein gut nachvollziehbares Konzept für ein solches sequenzielles Modell der Balance zwischen Familie und Beruf; dieses Modell kann aber nur in den Fällen gelebt werden, in denen Fürsorglichkeit und berufliche Anforderungen sich relativ klar und einfach voneinander abgrenzen lassen. Bei der Fürsorge für sehr kleine Kinder oder bei plötzlicher Erkrankung und der notwendigen Pflege der eigenen Eltern sind solche zeitlichen Abgrenzungen gut zu benennen und auch gut zu organisieren.

Viele Formen der Fürsorglichkeit für andere, die täglich anfallen, lassen sich aber so nicht organisieren. Der Bogen reicht von den Öffnungszeiten des Kindergartens, der Dauer des Schulunterrichts und den Zeiten für die Unterstützung der Kinder am Nachmittag, die nicht mit den täglichen Arbeitszeiten in Übereinstimmung zu bringen sind, bis zur manchmal völligen Unvereinbarkeit von beruflicher Zeitorganisation und Familienleben. Diese Unvereinbarkeit muss sich nicht unbedingt aus Mobilitätserwartungen des Arbeitgebers an den einen Partner ergeben, wenn der andere gerade eine besondere Unterstützung braucht, sondern auch daraus, dass sich die beruflichen Zeitrhythmen eines Paares nur schwer aufeinander abstimmen lassen und die Zeit für die Kinder dabei oft auf der Strecke bleibt. Diese neue Herausforderung ist nur zu bewältigen, wenn Betriebe, Behörden und andere Organisationen ebenso wie die Kommunen diese Zeit für Fürsorge als ebenso wichtig einstufen wie die berufliche Zeit und konsequenterweise gemeinsam versuchen, vor Ort neue Zeitmodelle zu konzipieren und die örtliche Infrastruktur so weiterzuentwickeln, dass eine Balance zwischen den unterschiedlichen Lebensbereichen auch gelebt werden kann, sei es als „Bündnis für die Familie“ oder als „Allianz für die Familie“. Hilfreich kann die Familienpolitik hier nur insoweit sein, als sie durch Modellprojekte wie das „Bündnis für Familien“ den Informations- und Kommunikationsaustausch organisiert, der es den Akteuren vor Ort erleichtert, möglichst schnell eigene angemessene Lösungen zu finden. Denn auch wenn die Arbeitsgesetzgebung etwa mit Teilzeitregelungen die Rahmenbedingungen für eine solche Balance schafft, kann diese nur konkret vor Ort entwickelt und umgesetzt werden.

Hilfreich in diesem Kontext sind auch Ansätze wie das Audit „Beruf & Familie“ der Hertie-Stiftung, das den Betrieben Hinweise gibt, wie eine betriebliche Personalpolitik Strategien entwickeln kann, um die unterschiedlichen Zeitanforderungen in Familie und Beruf angemessen aufeinander zu beziehen. Dabei sollte nicht verkannt werden, dass solche Balancen, die sich zunächst im Bereich von Beruf und Familie entwickeln, sehr weit reichende Konsequenzen haben können. Denn das bürgerschaftliche Engagement ist in einer Zeit, in der sich die berufliche Arbeitszeit zunehmend verflüssigt, mit ähnlichen Herausforderungen konfrontiert wie die Fürsorge für andere im familiären Bereich. Da aber die Kommunen wesentlich davon leben, dass sich ihre Bürger in der Kommune auch für öffentliche Angelegenheiten engagieren, ist die Suche nach neuen Zeitbalancen eben nicht nur eine Angelegenheit der Familie, sondern gleichzeitig der Versuch, die Erfüllung bestimmter gesellschaftlicher Grunderfordernisse zu erhalten und zu stärken.

Zeit, Infrastruktur und Geld als Kernelemente einer nachhaltigen Familienpolitik

Eine nachhaltige Familienpolitik, die die Rahmenbedingungen dafür schaffen will, dass auch in einer Wissensgesellschaft Zeit für Partnerschaft, Zeit für Fürsorge für andere, Zeit für Kinder und Zeit für Eltern in angemessener Weise ein integraler Bestandteil der Lebensperspektive von jungen Erwachsenen sein kann und dass diese Zeiten sich gleichzeitig auch so in die Alltagszeit integrieren lassen, dass sie aus der Sicht aller Betroffenen als eine bereichernde Zeit erlebt werden, auch wenn damit Anstrengungen und Verpflichtungen verbunden sind, kann dieses Ziel nur dann erfolgreich umsetzen, wenn sie einen „Policy-Mix“ mit unterschiedlichen Strategien und Instrumenten entwickelt.

Ein zentrales Element ist dabei die Organisation von Lebenszeit und Alltagszeit. Es wird oft vergessen, dass der Staat der wichtigste „Taktgeber“ des Lebensrhythmus für den Einzelnen ist. Denn der Staat schreibt vor, wann die Einschulung ist, wie lange die Ausbildung zu einem bestimmten Beruf dauert und welche Voraussetzungen für bestimmte Berufe zu erbringen sind, aber auch, wie lange man zu arbeiten hat, um eine einigermaßen angemessene Rente zu bekommen. Aber auch viele andere Regelungen, wie der Mutterschutz, das Elterngeld, der Jahresurlaub oder die Ansprüche auf Weiterbildung unterliegen staatlichen Vorgaben. Diese vom Staat gesetzten Vorgaben folgen im Wesentlichen den Vorstellungen des Bismarck'schen Sozialstaats aus dem 19. Jahrhundert.

Daher ist es eine der zentralen Herausforderungen für eine nachhaltige Familienpolitik, diese staatlichen Vorgaben für die Lebensverläufe so umzustrukturieren, dass die Zeit für Fürsorge auch in der Wissensgesellschaft Teil des Lebensverlaufs bleiben kann. Nicht umsonst haben der Siebte Familienbericht und die Bosch-Kommission „Starke Familien“ ähnlich wie die Niederlande eindeutig für eine neue Organisation der Lebensverläufe Stellung bezogen. Statt der bisher vorherrschenden Dreiteilung des Lebensverlaufs in Jugend und Ausbildung, Erwachsenenalter und Arbeit sowie Alter und Rente wird in Zukunft das Modell des Erwerbslebenszyklus zum Leitmodell, das ganz unterschiedliche Sequenzen der Teilhabe an unterschiedlichen Bereichen der gesellschaftlichen Entwicklung zulässt, aber gleichzeitig auch Zeit für Fürsorge, Zeit für andere und Zeit für Partnerschaft ermöglicht, ohne dass man vor der Alternative steht, sich entweder für die Fürsorge für andere und für die Familie oder für die Teilhabe an der Gesellschaft durch die Erwerbsarbeit entscheiden zu müssen.

Das kann aber nur gelingen, wenn gleichzeitig auch die Alltagszeit und die tägliche Bewältigung von Aufgaben eine Integration dieser unterschiedlichen Lebensbereiche zulässt. Die Balance zwischen Familie und Fürsorge und anderen gesellschaftlichen Bereichen, etwa Bildung oder Arbeitsmarkt, kann aber nur dann gelingen, wenn in der Gesellschaft sich auch ein Bewusstsein dafür entwickelt, dass diese Bereiche der Fürsorge für andere zwar in der Regel privat organisiert sind, aber genauso wichtig sind wie die Teilhabe an der Erwerbswelt. Diesen Bedeutungswandel kann die Familienpolitik nicht allein bewirken. Durch die Gesetzgebung zur Teilzeitarbeit oder zur Freistellung von der Arbeit für bestimmte Aufgaben lässt sich diese Entwicklung zwar beeinflussen; aber darüber hinaus muss eine nachhaltige Familienpolitik auch gesellschaftliche Verbündete suchen, wie Gewerkschaften, Arbeitgeber, Wohlfahrtsverbände und vor allem die Kommunen. Denn die Organisation der täglichen Zeit und die Balance zwischen den verschiedenen Lebensbereichen vollzieht sich konkret auf der kommunalen Ebene im Spannungsverhältnis zwischen der Berufsarbeit, dem Zeitaufwand für den Arbeitsweg, der Flexibilität des Arbeitgebers und der Kollegen auch hinsichtlich solcher Fürsorgearbeit und einer solche Aufgaben unterstützenden Infrastruktur.

Das Modell der klassischen kommunalen Infrastruktur im Bereich der Familie folgte bisher der Logik der Industriegesellschaft und kennt bis heute ein hohes Maß an Spezialisierung nach sehr unterschiedlichen Aufgaben. Das beginnt damit, dass die institutionelle Zuständigkeit für die Kinder im staatlichen Bereich auf der Basis von Altersgruppen (Krippe, Kindergarten, Schule, Hort) organisiert ist, obwohl das Alter nur eine Variable in der Lebensperspektive der kindlichen Entwicklung darstellt. Die Institutionen in diesem Feld sind zudem nach den unterschiedlichen Anforderungen und Tätigkeiten im Umgang mit Kindern organisiert und spezialisiert. Die Erziehungsberatung, der Sportverein, die Musikschule oder die Tanzgruppe sind zwar meist gute und ausdifferenzierte kommunale Angebote für Kinder, aber sie sind so organisiert, dass irgendjemand die Kinder an diese unterschiedlichen Orte bringen muss, in der Regel die Mutter. Eine nachhaltige Familienpolitik wird also auch die Rahmenbedingungen dafür reflektieren müssen, dass die Kommunen bei ihren unterschiedlich ausdifferenzierten Angeboten solche Orte für Kinder bereitstellen, die es den Eltern erleichtern, die unterschiedlichen Lebensbereiche der Familie mit den variablen Entwicklungsansprüchen ihrer Kinder so zu integrieren, dass Kinder mit unterschiedlichen Interessen und unterschiedlichen Alters die Möglichkeit haben, gemeinsam mit anderen Kindern aufzuwachsen.

Eine solche Entwicklung muss sich im Wesentlichen auf der kommunalen Ebene vollziehen. Allerdings können der Bund und die Länder auch die kommunale Familienpolitik durch Modellprojekte unterstützen. Das wird beispielsweise an den Bündnissen für Familien deutlich, die auf kommunaler Ebene mit unterschiedlichen Gruppen, die sich für Kinder und die kindliche Entwicklung einsetzen, gemeinsam Orte für Kinder schaffen, die die Integration der unterschiedlichen Lebensbereiche ermöglichen. Einen weiteren Akzent setzt die Initiative für

Mehrgenerationenhäuser. Denn in diesen Mehrgenerationenhäusern werden nicht nur altersgemischte Gruppen von Kindern zusammengebracht, sondern auch altersgemischte Gruppen von Erwachsenen und auch von Erwachsenen mit Kindern. Diese Vorgehensweise stellt eine Möglichkeit dar, die aktiven Potenziale auch der älteren Generation wieder in das kommunale und gesellschaftliche Leben zu integrieren. Kannte die Industriegesellschaft für die Älteren zumeist nur den Ruhestand, so wird in den Mehrgenerationenhäusern deutlich, dass auch im höheren Lebensalter eine aktive Mitwirkung an der Gestaltung des kommunalen Lebens möglich ist, indem Ältere nicht nur für die eigenen Enkel eine „Großelternfunktion" übernehmen, sodass dieses Potenzial vielen Kindern zugute kommt und damit auch viele Eltern unterstützt. Eine ähnliche Idee liegt dem Modell der Paten zu Grunde: Ältere, deren Kinder schon erwachsen sind, kümmern sich um junge Eltern oder Mütter in der Schwangerschaft und unterstützen sie darin, mit dieser neuen Situation umzugehen. Auch dahinter steht die Vorstellung, dass Familien ihre Aufgaben gegenüber ihren Kindern und auch gegenüber der älteren Generation nur dann angemessen wahrnehmen können, wenn sie dabei durch die Nachbarschaft und die Gemeinde unterstützt werden.

Das in diesen Modellen aufscheinende bürgerschaftliche Engagement ist meist nicht aufwendig, sodass es oft als kostengünstiger Ersatz für andere kommunale Angebote angesehen wird. Diese Sichtweise ist aber problematisch, weil ein bürgerschaftliches Engagement nur dann erfolgreich und dauerhaft in einer Gemeinde oder auch in einem Land bestehen kann, wenn dafür die entsprechenden Rahmenbedingungen gegeben sind. Ein solches Engagement setzt immer voraus, dass es auch professionelle Akteure gibt, die in diesen Mehrgenerationenhäusern und bei solchen Patenschaften Unterstützung geben und ein gewisses Maß an Kontinuität gewährleisten. Bei diesem bürgerschaftlichen Engagement geht es also nicht darum, bisherige kommunale Angebote zu ersetzen, sondern um eine Ergänzung und Verbesserung der bisherigen Angebotsstruktur.

Die hier aufgelisteten Modelle kosten Geld. Auch ohne hier im Einzelnen die Aufwendungen des Bundes, der Länder und der Kommunen in diesem Bereich mit denen in anderen Ländern zu vergleichen oder aber die Aufwendungen für die nachwachsende Generation mit denen für die ältere Generation, lässt sich doch die Aussage wagen, dass alle Gebietskörperschaften in Deutschland bisher in diesem Bereich relativ wenig investieren. Es ist vermutlich noch ein langer Weg, bis sich die Bundesrepublik als Gesellschaft darauf einlässt, das Geld für die nachwachsende Generation als eine Zukunftsinvestition zu betrachten. Denn was heute in diesem Bereich nicht investiert wird, wird später in mehrfacher Hinsicht fehlen. Die Kinder, deren Humanressourcen nicht in dem ihrem Talent entsprechenden Umfang gefördert werden, haben als Erwachsene möglicherweise größere Schwierigkeiten, zur Weiterentwicklung der Gesellschaft beizutragen. Wenn Eltern aus welchen Gründen auch immer nur wenig Unterstützung durch Nachbarschaft und Gemeinde, die Länder und den Bund erfahren, werden sie vermutlich das Gefühl haben, dass die Entscheidung für Kinder und das Aufziehen von Kindern in dieser Gesellschaft nicht nur eine höchst private Angelegenheit, sondern der Gemeinde, dem Land und dem Bund geradezu gleichgültig sei.

Jedenfalls entspricht eine solche Perspektive nicht einer nachhaltigen Familienpolitik, weil der nachwachsenden Generation so der Eindruck vermittelt wird, dass die Zeit für Kinder und für Partnerschaft und Fürsorge für andere aus gesellschaftlicher Sicht kaum relevant sei. Gerade die Bereitschaft der Kommunen und der Länder, in diesen Bereich zu investieren, wird auch als sichtbares Zeichen wahrgenommen, dass die Zeit für Fürsorge und die Zeit für Kinder so wichtig sind, dass alle beteiligten Institutionen bereit sind, sich hier nachhaltig zu engagieren. Denn die besondere Bereitschaft, mit der Entscheidung für Kinder auf viele Dinge des Lebens in der Wissensgesellschaft zu verzichten, und die Annahme der besonderen Herausforderungen, die damit verbunden sind, setzt auch die Gewissheit voraus, dass die Nachbarn, die Gemeinden und die Politik auf allen Ebenen diese Herausforderung unterstützen und durch einen entsprechenden Policy-Mix alles daran setzen, dass diese Herausforderung von allen Beteiligten als etwas erlebt wird, was als Teil des eigenen Lebens dazugehört und das eigene Leben bereichert.

Konrad Hummel

Die kreative Stadt – an den Wurzeln der Demokratie

Was bedeutet heute eine kreative Stadt?

Das Bild einer „kreativen Stadt“ steht für eine soziale Stadtentwicklung, die auf die Herausforderungen der Gegenwart – wie die Finanzknappheit, den Globalisierungswettbewerb, die Zersplitterung nach Ethnien und Generationen – erfolgreiche Antworten zu geben vermag.

Ist die kreative Stadt ein Hoffnungsbild, wie eine moderne Wissensgesellschaft in der Stadt, die ihre Sachzwänge und Blockaden überwindet? Gelingt es in der kreativen Stadt, das Soziale als das Verbindende einer Stadtgesellschaft neu zu entdecken, und zwar trotz der Krise und des Umbaus des Sozialstaates?

Tatsächlich unternehmen wir den Versuch, die Neuaufstellung des (überwiegend) alten städtischen Orchesters mit zusätzlichen Akteuren und neuen Weisen und Melodien als im Ergebnis kreative, gelingende Wiederentdeckung des sozialen Klangs der europäischen Stadt zu beschreiben.

In der kreativen Stadt werden Institutionen aktiviert, geöffnet, neu einander zugeordnet, ergänzt – wie das Arrangement der Instrumente im Orchester. Es geht dabei nicht darum, uns die Menschen anders zu wünschen oder völlig neue Dienstleistungen aufzubauen, sondern z. B. Fachkräfte und Freiwillige, Betroffene und Nachbarn, organisierte und spontane Formen der Teilhabe sinnvoll und neu zu mischen.

Moderne Formen der Kinderbetreuung sind ein Beispiel dafür. Eigenes und nachbarschaftliches Handeln kombiniert mit fachlichen und mobilen Diensten sowie wohnungswirtschaftlichen und gesundheitsorientierten Leistungen ergibt einen Wohlfahrtsmix, der bunt, aber nicht beliebig ist.

Wie der Klang einer offenen, toleranten, solidarischen Stadtgesellschaft sich anhören sollte, haben viele beschrieben. Nur wenige haben jedoch die Methoden und Leitprinzipien beschrieben, mit deren Hilfe dies bewerkstelligt werden kann. Solange das so ist, überwiegen jedoch die Wunschbilder (oder spiegelbildlich die Negativszenarien der Kritiker) und vor allem die Appelle an Tugend und Moral.

Ein besseres Miteinander von Jung und Alt, von Deutsch und Ausländisch, von Arm und Reich, von Mann und Frau, Gesund und Behindert wird beschworen und viele Einzelbeispiele der „best practice" dargestellt. Das Bedürfnis in der Gesellschaft nach solchen positiven Beispielen ist groß, weil der Sozialstaat seit jeher mehr ist als ein Tauschgeschäft von Gebern und Empfängern. Der Sozialstaat trägt immer ein Stück „Utopie" (Habermas)[86] vom gerechten Lastenausgleich in sich und ist besonders in Zeiten des Wandels und Umbruchs ein Gradmesser für die Temperatur einer Gesellschaft.

---

[86] Jürgen Habermas, Die neue Unübersichtlichkeit, Frankfurt 1985.

Der Transmissionsriemen zwischen dem Gesellschaftsentwurf und dem Alltag der Menschen sind in einer modernen Stadtgesellschaft jedoch die Institutionen. Ohne sie funktioniert weder der Alltag noch eine nachhaltige Änderung von Verhaltensweisen. Das, was Walzer im Hinblick auf die Toleranz in modernen Gesellschaften formuliert, gilt nicht nur für sie: dass sie funktionieren muss, gleich wie ihre Motive, ihre Ausprägung, ihr Enthusiasmus ist – entscheidend ist, dass sie mittels guter Institutionen zum Tragen kommt.[87]

Mit Institutionen sind in einem weiteren Sinne nicht (zum Beispiel) einzelne Schulen oder Kindergärten gemeint, sondern die „Regelwerke" der Wirtschaft, des Sozialstaates, der Stadt, der Nachbarschaft und gesellschaftlicher Vereine und Vereinigungen. Sie folgen inneren Ordnungen. Und sie bewirken, dass bestimmte Grundwerte umgesetzt und verwirklicht werden.

Wirtschaftsorientierte Einrichtungen stehen für Dienstleistungsorientierung und sollen die Eigenverantwortung der Kunden stärken. Staatliche Institutionen sichern eine formale Art von Solidarität, durch die und aus der niemand „herausfällt". Städtische Institutionen können und sollen Vielfalt sichern, weil es hier jeweils – etwa im Sozialraum – um alle dort Lebenden geht, gleich welche formalen Rechte sie haben, über wie viel Kaufkraft sie verfügen oder ob sie eine Familie haben.

---

[87] Michael Walzer, Über Toleranz, Berlin, 1998. „Wie wir sehen werden, gehört es zu jedem erfolgreichen System der Toleranz, dass es nicht von einer bestimmten Form dieser Tugend abhängt, es verlangt nicht, dass all seine Teilnehmer sich an einem Punkt des Spektrums befinden."

Städtische Nachbarschaft steht für Unmittelbarkeit, Selbsthilfe und soziale Kontrolle. Wo diese Unmittelbarkeit nicht ausreicht, treten Versorgungsinstitutionen wie Alten- oder Kinderheime ein. Das Vereinswesen schließlich steht für Gemeinsinn, Gemeinschaft und die Interessenvertretung der einzelnen Gruppen.

Dieses unsichtbar aufeinander abgestimmte Gefüge korrespondiert mit einer Gesellschaft, in der es vorherrschende Bilder von Familie, Lebenslauf, Erwerbsarbeit und Integration von Minderheiten gibt. In einer sich still und doch dramatisch ändernden Gesellschaft der Kleinstfamilien und des (demografischen) Älterwerdens, der veränderten und mobilen Erwerbsarbeit, der Migration und ganz unterschiedlicher Lebensstile funktioniert das Zusammenspiel von Institutionen und gesellschaftlich vermittelten Werten oft nicht mehr.

Im gesellschaftlichen Wandel vor ca. 30 Jahren ging es um die Öffnung verkrusteter Institutionen, um dem Aufbruch der Produktivkräfte und darum, den neuen Lebensstilen Raum zu geben.[88] Damals ging es zum Beispiel um die Öffnung der Heime und überhaupt um Deinstitutionalisierung.[89]

Inzwischen ist dies so umfassend geschehen, dass die Kehrseite freigesetzter „Wirtschaftskräfte" in den Städten als

---

[88] Ernest Jouhy, Klärungsprozesse, Frankfurt 1988. „Der Begriff der Entwicklung hat mithin eine nicht nur doppelte, sondern widersprüchliche Bedeutung erlangt: nämlich herrschaftlich-urbane Machbarkeit gegenüber Natur und Menschen als Sinn und Ziel geistiger wie materieller Tätigkeit anzustreben, ohne die Kosten an Lebensglück oder Lebensqualität der Abhängigen wirklich einzubeziehen."

[89] Konrad Hummel, Öffnet die Altersheime, Weinheim 1982; ders., Wege an der Zitadelle, Hannover, 1986; ders., Freiheit statt Fürsorge, Hannover 1991; ders., Bürgerengagement, Freiburg 1995.

unmittelbarer „Wärmeverlust“ spürbar geworden ist. Die Marktwirtschaft instrumentalisiert Gefühle, nimmt aber die solidarischen Gefühle von Gerechtigkeit und Rücksicht nicht mit auf.

Der Sozialstaat hat auf die gesellschaftlichen Veränderungen der letzten 20 Jahre reagiert durch Rückschnitte auf das „unmittelbar Notwendige“ und durch schärfere Effizienzkontrollen mit der Folge, dass er völlig in dem Teufelskreis gefangen ist, für immer mehr Geld immer weniger und „einzelfallteure“ Klienten bedienen zu müssen. So wird der Sozialstaat bestenfalls noch als Versicherungsagentur, aber nicht mehr als Solidaritätsstifter verstanden. Der Druck auf die „europäische Stadt“ hat zugenommen, selbst Ausfallbürge für den sozialen Staat zu sein. Die Arbeitsmarktreform „Hartz IV“ zeigt, dass die Kommunen inzwischen auch die Arbeitsmarktpolitik stärker selbst in die Hand nehmen.

Zerfällt die „europäische Stadt“?

Der Stadt ihrerseits wurden in den letzten zehn Jahren immer mehr Instrumente aus der Hand genommen, Vielfalt erlebbar und organisierbar zu machen. Die Wahlfreiheit ermöglicht es vielen Familien, sich „freizukaufen“ von Daseinseinrichtungen im Stadtteil.

Privatschulen oder ethnische Sonderkindergärten und Senioreneinrichtungen drohen „Sozialräume“ zu sprengen.

Wettbewerbsvorschriften drängen die Städte, ihre Verkehrs-, Abwasser-, Wohnungs- und andere Einrichtungen zu „verkaufen“, so dass die integrierende Stadt immer weniger erlebbar wird. Nachbarschaften werden anonymer und gleichzeitig ethnisch homogener.

Der türkische oder russische Jugendliche der zweiten oder dritten Generation bewegt sich im „eigenen" Supermarkt und der „eigenen" Disco und ist nicht mehr angehalten, Deutsch zu sprechen. Die doppelt so hohe schulische Versagensquote dieser Generation schlägt unmittelbar auf ihren Stadtteil zurück, weil dessen öffentlicher Bolz- und Kirchplatz zum ersten Erlebnisort des arbeitslosen Jugendlichen wird.

Die nunmehr geöffneten Institutionen stehen unter dem Knebel der Belegplatzfinanzierung, der Spezialisierung und eines gezielten Bildungs- und Rehabilitationsauftrages, bei dem z. B. freiwillige Helfer „nur stören". Die Logik der Rationalisierung verdrängt das Bürgerengagement. Diese Gefahr ist ungleich größer als die, dass durch Engagement Fachstellen verloren gehen.

Schließlich die Vereine. Sie sind in vielen Fällen kommerzialisiert oder überaltert. Sie sind zwar weiterhin wirksame kommunale Interessensinstrumente, aber sie selektieren – unfreiwillig – in der Stadtgesellschaft mehr, als es für sie gut ist. Wir freuen uns über jeden türkischen Mitbürger in der freiwilligen Feuerwehr und staunen über türkische Jugendfußballvereine.

Wer das Verbindende, das Soziale der europäischen Stadt wieder zum Klingen bringen will, wer das Durcheinander der Wertevermittlung (das nicht mit deren Verlust zu verwechseln ist!) wieder ordnen will, braucht einen Ordnungsrahmen, der die heutige Dualität von Staat und Wirtschaft übergreift. Die Wohlfahrtsgesellschaft geht dann schon über den Wohlfahrtsstaat hinaus, weil sie die Erbringung (!), nicht die Verteilung der Sozialleistungen zur Sache aller in der Demokratie macht (Walzer).

Dieser Ordnungsrahmen ist die Zivilgesellschaft und das mit ihr verbundene bürgerschaftliche Engagement. Aber auch hier gilt, dass den Beschwörungen seit ca. zehn Jahren viel konkretere Schritte folgen und die Veränderungen des „Gesamtorchesters" analysiert werden müssen. Zivilgesellschaft ersetzt keine Politik und ist kein Ornament (Münkler), sie ist „mehr Möbel als die Wohnung selbst, aber gerade deshalb lebensbestimmend".[90]

In der Stadtgesellschaft stößt dies auf mehr Konflikte, als die Staats- und Reformtheoretiker vermutet haben. Institutionen sind langlebig. Die Sicherheiten von Markt, Staat, Stadt, Nachbarschaft und Verein aufzugeben zugunsten neuer Aufgabenzuweisungen, neuer Spielregeln und neuer Statuszuweisungen in der Zivilgesellschaft macht Angst, verunsichert, kränkt und entlarvt Herrschaftsstrukturen (wie vor 30 Jahren – aber diesmal umgekehrt, wenn es darum geht, hektische Überkomplexität zu reduzieren, um wieder eine wirkliche Teilhabe aller in den Blick zu nehmen).

Viele kritische Beobachter von Kafka über Lapassade[91] bis

---

[90] Herfried Münkler, Was bewegt die Zivilgesellschaft? „Die Zivilgesellschaft ist kein bloßes Ornament der politisch-gesellschaftlichen Ordnung, mit dem man sich schmücken, auf das man zur Not aber auch verzichten kann, sondern es handelt sich um eine notwendige Komplementarität, ohne die eine jede politisch-gesellschaftliche Ordnung aus der Balance kommt."

[91] Georges Lapassade, Der Landvermesser, Stuttgart 1976. „Der Landvermesser Kafkas ist nicht wirklich Landvermesser. Er misst überhaupt nichts. Man glaubt zwar, dass er deshalb da sei, in Wirklichkeit aber stört er und stiftet Unruhe, ein Fremder, der die Ordnung des verschlafenen Dorfes durcheinander bringt."

Walzer nennen das die Aufgabe der Neuvermessung eines „virtuellen“ Landes. Es geht darum, unsichtbare Grenzen aufzuheben – „Entgrenzung“ nennen das die Soziologen[92] –, um neue Grenzziehungen vorzunehmen, bewusster, politischer und vergleichsweise rationaler. Wir haben es dabei mit einem Bild zu tun, das sich bei gesellschaftlichen Umbrüchen in der Geschichte immer wieder zeigt.

In Städten kann das sehr konkret werden. Kreative Stadtentwicklung kann bedeuten, die „Sozialräume“ neu oder erstmals zu vermessen, um gesellschaftlichen Teilhabeideen ans Licht zu verhelfen und Bürgerengagement auf einer relevanten Ebene zu integrieren – und nicht als Ehrenamt „anzuhängen“. Auch die Diskussionen zum „Quartiersmanagement“ haben das gezeigt.

Zur Neuvermessung der sozialen Stadtlandkarte gehört das Verhältnis zwischen Stadt und Vereinen. Sie brauchen neue „Zwischenlandschaften“, Projekte der Erneuerung, eine Öffnung mit neuen Rollen. Im Verein wird man Mitglied, in Bürgerschaftsprojekten wird man Pate, Botschafter, Mentor.

Die Neuvermessung des Terrains zwischen Staat und Stadt wird in allen politischen Programmen der letzten Jahre in Deutschland zu der Aufgabe einer Zusammenfügung der Gegensätze: Mit der Reform der Sozialgesetzbücher II und XII entstehen gemeinsame neue Behörden wie die ARGE für Beschäftigung mit unterschiedlichen Logiken in der gleichen Institution. Sie ist ebenfalls eine neue Stimme im städtischen Orchester.

Mit der neuen Familienpolitik des Bundes (Krippen, Mehrgenerationenhäuser) wird die Landespolitik „überholt“. Die

[92] Ulrich Beck / Christoph Lau (Hrsg.), Entgrenzung, Frankfurt 2003.

Städte müssen deshalb (beispielsweise) beim Vermessen der Kindergartenlandschaft verschiedene Maße benutzen, einmal das des vermeintlichen tatsächlichen Bedarfs (Nachfragepolitik des Landes) und einmal das des erwünschten Sollbedarfs (Bund). Ungesicherte Institutionen wie die Mehrgenerationenhäuser sind Marken eines neuen Institutionenverständnisses, bei dem sich der Nutzen aus der jeweils konkreten Energie und den Ressourcen im Stadtteil speist und nicht aus festgesetzten Platzzahlen.

Generationenkonflikte?

Der „Generationenvertrag" der deutschen Sozialpolitik, das unsichtbare, aber wirkungsvolle Füreinander über Sozialabgaben, ist selbst ein Mischprodukt von Staat und Zivilgesellschaft. Unter dem Druck der Ökonomisierung stellt ihn die jüngere Generation immer mehr infrage, weil es letztlich auch um eine Vertrauensfrage geht, nämlich die, ob diese Generation wiederum der nachfolgenden Generation vertrauen kann. Gleichzeitig finden im privaten Bereich gegenseitige Finanztransfers von Jung und Alt in großem Umfang statt.

Der Leistungsdruck setzt nun schon 50- bis 65-Jährige auf dem Arbeitsmarkt frei und verstärkt das Vorurteil, dass „die Alten" entweder viel kosten, weil sie sich mit guten Renten zur Ruhe setzen, oder viel kosten, weil sie arbeitslos und später pflegebedürftig sind. Immer häufiger fehlt auch die „selbstverständliche" Großmutter, die den Enkel betreut: Die Beziehungen zwischen den Generationen sind prekärer geworden. Eine lebendige Generationenbeziehung kann jedoch weder allein privat noch allein durch staatliche Maßnahmen hergestellt werden. Auch wenn sich Generationenparteien („Graue Panther“ oder Jugendparteien) nicht durchgesetzt haben – der gelingende Alltag bei Betreuung, Nachbarschaft und im Vereinswesen ist komplizierter geworden.

Statt des „Krieges der Generationen“ gibt es eine Art „Funkstille“, auch weil die Lebensentwürfe der Menschen unterschiedlicher Altersklassen nebeneinanderstehen, aber nicht miteinander abgestimmt sind. Und es gibt immer wieder auch Irritationen bei jüngeren Erwachsenen darüber, welch verblüffende Alltagsentscheidungen ältere Menschen „plötzlich“ treffen.

Auf der kommunalen Ebene ist die Vorstellung, dass der Stadtjugendring und der Seniorenbeirat kontinuierlich zusammenarbeiten, noch kaum vorstellbar. In Kindergärten ist die Vorstellung, dass ältere Menschen, die mit den Kindern nicht verwandt sind, zwischen Fachpersonal, Kindern und Eltern eine Rolle spielen können, eher die Ausnahme.

Nötig sind deshalb mehr als bisher Handlungsräume, in denen sowohl ältere Menschen eine produktive Rolle im Generationenverhältnis spielen können als auch zwischen den Generationen selbstverständlicher in nachbarschaftlicher Weise „Hand angelegt“ wird. Die „Mehrgenerationenhäuser“ ermöglichen, dass darüber gesprochen wird und Alltagsbeispiele ausgetauscht werden.

Neue Institutionen können so neue Wert- und Familienmuster aufbauen, stehen aber unvermittelt neben den alten Institutionen und ihren Regeln. Sie werden starkes Bürgerengagement brauchen, damit sie die „Leuchttürme" neuer „Landstriche" auf der städtischen Sozialkarte zum Leuchten bringen können. Dies wird erhebliche kreative Anstrengungen erfordern.

Bürgerengagement auf „ungesichertem" Terrain ist meist autonomes Engagement, an den Staat adressiert, punktuell, komplementär. Eine regelmäßige bürgerschaftliche Dienstleistung, dem Vereins- oder Patenengagement vergleichbar, braucht eine Ordnungsstruktur, ein geregeltes, produktives Zusammenspiel. Dies erfordert bei einem solchen neuen Konzept ein bereichsübergreifendes Denken (Kita/Senioren; marktwirtschaftlich/gemeinnützig usw.).

Wenn solche neuen Institutionen wie das Mehrgenerationenhaus dauerhaft ihre Rolle im städtischen Orchester spielen sollen, brauchen sie verbindliche Vernetzungen, klare Nutzerstrategien und Unterstützung im politischen Mikroklima einer Stadt. Solche Institutionen müssen kooperieren in einem Gefüge, in dem Vereine arbeitsteilig miteinander wirken, Nachbarschaften offen sind, Städte Treffpunkte eröffnen, der Sozialstaat Schnittstellen dazu hat und die Wirtschaft den Nutzen erkennt.

Wenn es jedoch in anderen Feldern vernetzbare Projekte gibt, wirkt ein intergenerativer Treffpunkt potenzierend und bestärkend. In den Städten wird es Bündnisse geben müssen, die solche Wechselwirkungen planen, kommunizieren und ermöglichen.

In Augsburg (270.000 Einwohner) haben wir mit dem „Bündnis für Augsburg“ ein Dach geschaffen, in dem neue Projekte angeschoben, aber auch „zugeordnet“ werden. So ist an der Schnittstelle von Kindergarten und Integrationspolitik ein Modell der Stadtteilmütter entstanden (über 400), die in ihrer Muttersprache Kinder unterrichten und darauf bauen, dass die „klassische“ Institution Kindergarten mit dem gleichen Text auf Deutsch die Zweisprachigkeit sichert. Mit Mentoren sichern wir den Freiwilligeneinsatz von Schülern („Change-in“) zwischen Schule und Institution (Einsatzstelle). Ähnlich geht es bei Sozial- und Demenzpaten, Sorgentelefonmüttern oder der Teamgruppe Neubürgerempfang. Alle arbeiten auf Augenhöhe mit der „klassischen“ Institution (gleich ob Amt für Soziale Leistungen, Krankenhaus, Referat des Oberbürgermeisters usw.) und erweitern diese um ihre eigene Funktion und Identität.

Moderne Menschenbilder

Wir fügen Funktionen und Kompetenzen neu zueinander – Teil des neuen Klangs der kreativen Stadt. Wir fügen im engen Sinne nicht Menschen als solche neu zueinander – das würde die im städtischen Raum ohnehin vorhandenen Ängste aktivieren, dass mit jedem neuem Projekt freiwillig engagierte Menschen von dort abgezogen werden, wo sie zuvor aktiv waren. In den primären Netzwerken unserer Städte gibt es viel Zurückhaltung gegenüber bürgerschaftlichen Projekten. Sie werden als Teil eines „Nullsummenspiels“ wahrgenommen, in dem neue Aufgaben nur zulasten vorhandener Verbindlichkeiten gehen können.

Genau deshalb greift die Zivilgesellschaft auf moderne Strukturen „multipler Identitäten“ zurück. Menschen können gleichzeitig in ihren Vereinen sein und sich zu Paten „ausbilden“. Walzer sieht in der Tatsache, dass niemand nur als Vertreter einer Gruppe bzw. Ethnie handelt, sondern als Person verschiedene Loyalitäten unter einen Hut bekommen kann, eine Chance für die Zivilgesellschaft.[93] Die Stadtteil- und Sorgentelefonmütter können sich beispielsweise im Bündnis für Augsburg engagieren, ohne dass in ihrer (Migrations-)familie jemand aus dem Moscheeverein „austreten“ muss. Eine Seniorenbeirätin kann genauso die Interessen der Kinder im Mehrgenerationenhaus vertreten, wie sie weiter für Senioren tätig ist. Und ein katholischer Kirchengemeinderat kann in einem evangelischen Selbsthilfeprojekt helfen.

Wichtig ist jedoch, dass es über solchen Projekten eine Art Dach gibt, eine Meta-Identität, beispielsweise in Augsburg die parteiübergreifende Steuerungsgruppe unter dem Gesamtmotto „Wir sind Augsburg“. Ohne solche Einrahmungen würden Projekte zu interaktiven Hilfs- und Beziehungsmaßnahmen (etwa des Mittelstandsopas für die alleinerziehende Mutter) „verkommen“. In einem Zivilprojekt der kreativen

---

[93] Michael Walzer, Über Toleranz, Berlin 1998. „Die funktionale Ausdifferenzierung der modernen Gesellschaft trennt schließlich nicht Personen voneinander; sie unterscheidet und unterteilt vielmehr verschiedene Hinsichten der einen sozialen Wirklichkeit: diverse Rationalitätsdimensionen von sozialer Interaktion bzw. deren Steuerung, die wir (mehr oder weniger) alle beherrschen (müssen).“
„Anders als die ständische, erwartet die moderne Gesellschaft von den Individuen, sich auch gegenüber all diesen relativ autonomen Wertsphären, denen jedes Individuum in seinen ‚Rollen‘ als Citoyen, Bourgeois, Kirchenmitglied u. ä. jedoch zugleich unterworfen bleibt, als ‚Person‘ zu begreifen, zu definieren, zu verhalten.“

Stadt „spielt" die alleinerziehende Mutter als Bürgerin im Orchester in ihrer Art an der gleichen Melodie mit wie der Opa an anderer Stelle. Wir brauchen Institutionen, in denen viel mehr Menschen als bisher an der Erarbeitung von Wohlfahrt praktisch-kreativ mitwirken können.[94]

Kooperationsbereitschaft auf den hier dargestellten Institutionsebenen kommt dort zustande, wo die Einsicht Platz gegriffen hat, dass jeder für sich allein die gesellschaftlichen Ziele nicht mehr erreicht. Macht allein genügt nicht mehr, um Sinn zu stiften. Der Staat allein genügt nicht mehr, um Solidarität zu schaffen, die Stadt allein schafft keine vielkulturelle Identität mehr, der Stadtteil allein keine Toleranz und die Vereine allein keine Gemeinschaftsgefühle. Wer glaubt, sich mit dem Verweis auf Geld, Macht oder Moral über diese Analyse hinwegsetzen zu können, gibt die falschen Signale an die Bürgerschaft, deren Vertrauen wir brauchen.

Stadt der Generationennetzwerke

Aus den jeweiligen Grenzen der Einzelnen erwachsen Notwendigkeiten zur Kooperation. Wo dies z. B. in Bundes- oder Landesbehörden nicht gesehen wird, bleibt Kooperation tak-

---

[94] Michael Walzer, in: Blätter der Wohlfahrtspflege 12/1995. „Der Wohlfahrtsstaat koexistiert mit der Wohlfahrtsgesellschaft, aber die Gesellschaft ist heute schwach im Vergleich zum Staat."
„Eine lebendige und helfende Wohlfahrtsgesellschaft, die von einem starken Wohlfahrtsstaat unterstützt, aber nicht kontrolliert ist, das würde eine fundamentale Änderung in den Beziehungen der Verteilung darstellen."

tisch und führt nicht zu einem Zugewinn von Bürgerengagement auf lokaler Ebene.

Die kreative Stadt steuert dies nicht zentralistisch und stiftet alles selbst an, sondern sucht sich jeweils Partner zur Umsetzung. Allerdings können dies auch neue Partner sein – von der städtischen Tochterfirma über ein Wirtschaftsunternehmen oder eine Bürgerinitiative bis zu einem Obstbauverein, der Jugendarbeit macht.

Kommunalpolitik muss die Initiierung neuer sozial-kreativer Politik zu einer Führungsaufgabe auf Dezernentenebene machen. Die Städte bauen damit die neuen Wohlfahrtsmixstrukturen auf, die in einer älter werdenden Gesellschaft (Rosenmayr) mehr Ressourcen erschließen und Sinn stiften.[95] Der Mix ist nicht hauptsächlich dazu da, mehr Ressourcen hinzuzuziehen, sondern dazu, die soziale Institution sinnhafter zu machen.

Wir haben dies neben dem „Bündnis für Augsburg" und den Patenprojekten für Stadtteilmütter, Familienstützpunkte, Sorgentelefon oder Schuldnerberater vor allem auch mit dem „Weißbuchprozess" getan. Dort haben wir den Wandel der Stadt – demografisch, interkulturell und soziokulturell – zum Thema aller Vereine, Verbände, Kirchen und Parteien gemacht, um schließlich 20 Leitlinien im „Weißbuch – eine Stadt für alle" zu beschließen. Dass dieser Prozess von Projekten begleitet war und zu einstimmigen Beschlüssen führte, mag auf den ersten Blick nicht kreativ klingen. Eine solche Einschätzung verkennt jedoch, dass die kreative Stadt solche Rahmen-

---

[95] Leopold Rosenmayr, Schöpferisch altern, Wien, 2007; ders., Die neuen Alten, Wien 2007.

bedingungen immer wieder braucht, damit vertrauensbildende Projekte wachsen können.[96]

Den Zusammenhalt der Stadt, die Identität der „europäischen" Stadt zu sichern, ist eine aktuelle, moderne und unverzichtbare bürgerschaftliche Managementaufgabe, die etwa derselben Anstrengung bedarf, wie wir es aus der Umwelt- oder Denkmalschutzpolitik kennen.

Das Beispiel der Augsburger Kommunalpolitik und des „Bündnisses für Augsburg" hat gezeigt, wie sich Steuerungselemente der städtischen Sozialpolitik, des von der Bundespolitik initiierten Mehrgenerationsmodells und des Bürgerschaftsengagements Schritt für Schritt zusammenfügen lassen, aber nach einem „Masterplan" kreativer Stadtentwicklung. Auch ein Biotop braucht eine systematische Planung von Freiräumen und Eigenverantwortung. Mitscherlich sprach schon vor Jahrzehnten von der „Stadt als Geburtsort der Freiheit".[97] Aus ihm heraus können sich Menschen in Verbundenheit kreativ engagieren.

---

[96] Alexander Mitscherlich, Die Unwirtlichkeit unserer Städte, Frankfurt 1967. „Es ist aller Mühen wert, weil die Menschheit, wie sie geworden ist, in den Städten ihre Wurzeln hat. Die Stadt ist der Geburtsort dessen, was wir bürgerliche Freiheit nennen, dieses Lebensgefühls, das sich dumpfen Herrschaftsgewalten widersetzte."

[97] Vgl. www.augsburg.de.

Literatur zu den Kapiteln

Zu: Sigrun-Heide Filipp / Anne-Kathrin Mayer

Beziehungen zwischen den Generationen – Mythen im Spiegel der psychologischen Forschung

Antonucci, T. (1990). Social support and social relationships. In: R. H. Binstock & L. K. George (Hg.), *Handbook of aging and the social sciences* (3. Aufl.), 205–226. New York, NY: Academic Press.

Aymanns, P. & Filipp, S.-H. (2000). Generationenbeziehungen und Konflikte im Kontext psychologischer Beratung. *Zeitschrift für Familienforschung* 12, 5–16.

Baltes, M. M., Wahl, H.-W. & Reichert, M. (1991). Successful aging in long-term care institutions. In: K. W. Schaie & M. P. Lawton (Hg.), *Annual Review of Gerontology and Geriatrics*, 311–337. New York, NY: Springer.

Barthold, S. (2005). Retrospektive und aktuelle Bedeutung von Großeltern-Enkel-Beziehungen für Jugendliche (Unveröffentlichte Diplomarbeit, Universität Trier).

Bengtson, V. L. & Harootyan, R. A. (Hg.) (1994). *Intergenerational linkages: hidden connections in American society*. New York, NY: Springer.

Birditt, K. & Fingerman, K. L. (2005). Do we get better at picking our battles? Age group differences in descriptions of behavioral reactions to interpersonal tensions. *Journals of Gerontology, Series B, Psychological Sciences and Social Sciences* 60B, P121–P128.

Brown, S., Nesse, R. M., Vinokur, A. D. & Smith, D. M. (2003). Providing social support may be more beneficial than receiving it: Results from a prospective study of mortality. *Psychological Science* 14, 320–327.

Carstensen, L. L., Isaacowitz, D. M. & Charles, S. T. (1999). Taking time seriously: A theory of socioemotional selectivity. *American Psychologist* 54, 165–181.

Cuddy, A. J. C. & Fiske, S. D. (2002). Doddering but dear: Process, content and function in stereotyping of older persons. In: T. D. Nelson (Hg.): *Ageism: Stereotyping and prejudice against older persons*, 3–26. Cambridge, MA: MIT Press.

Daatland, S. O. & Herlofson, K. (2003). "Lost solidarity" or "changed solidarity": a comparative European view of normative family solidarity. *Ageing & Society* 23, 537–560.

Ferring D. & Filipp, S.-H. (1999). Soziale Netze im Alter: Selektivität in der Netzwerkgestaltung, wahrgenommene Qualität der Sozialbeziehungen und Affekt. *Zeitschrift für Entwicklungspsychologie und Pädagogische Psychologie* 31, 127–137.

Filipp, S.-H. & Mayer, A.-K. (1999). *Bilder des Alters. Altersstereotype und die Beziehungen zwischen den Generationen.* Stuttgart: Kohlhammer.

Hagestad, G. O. & Uhlenberg, P. (2006). Should we be concerned about age segregation? Some theoretical and empirical explorations. *Research on Aging* 28, 638–653.

Harwood, J. & Soliz, J. (2003). Perceptions of communication in a family relationship and the reduction of intergroup prejudice. *Journal of Applied Communication Research* 31, 320–345.

Hess, T. M. (2006). Attitudes toward aging and their effects on behaviour. In: J. E. Birren & K. W. Schaie (Hg.), *Handbook of the psychology of aging* (6. Aufl.), 379–406. San Diego: Academic Press.

Hoff, Andreas. (2005). Intergenerationale Familienbeziehungen im Wandel. In: C. Tesch-Römer, H. Engstler & S. Wurm (Hrsg.), *Altwerden in Deutschland. Sozialer Wandel und individuelle Entwicklung in der zweiten Lebenshälfte*, 231–287. Wiesbaden: Verlag für Sozialwissenschaften.

Hummert, M. L., Garstka, T. A., Shaner, J. L. & Strahm, S. (1994). Stereotypes of the elderly held by young, middle-aged, and elderly adults. *Journals of Gerontology: Psychological Sciences* 49B, P240–P249.

Kaufman, G. & Uhlenberg, P. (1998). Effects of life course transitions on the quality of relationships between adult children and their parents. *Journal of Marriage and the Family* 60, 924–938.

Kessler, E. M. (2005). *Interaktion zwischen älteren Menschen und Jugendlichen – ein psychologisch förderlicher sozialer Kontext für beide Seiten? Eine experimentelle Laborstudie im theoretischen Rahmen der Entwicklungspsychologie der Lebensspanne* (Unveröffentlichte Dissertation, Free University of Bremen).

Kite, M. E., Stockdale, G. D., Whitley, B. E. & Johnson, B. T. (2005). Attitudes toward younger and older adults. An updated meta-analytic review. *Journal of Social Issues* 61, 241–266.

Krappmann, L (1997). Brauchen junge Menschen alte Menschen? In: L. Krappmann & A. Lepenies (Hrsg.), *Alt und Jung: Beziehungen und Probleme zwischen den Generationen*, 185–204. Frankfurt: Campus.

Künemund, H. (2006). Tätigkeiten und Engagement im Ruhestand. In: C. Tesch-Römer, H. Engstler & S. Wurm (Hrsg.), *Altwerden in Deutschland. Sozialer Wandel und individuelle Entwicklung in der zweiten Lebenshälfte*, 289–327. Wiesbaden: Verlag für Sozialwissenschaften.

Lang, F. R. & Baltes, M. M. (1997). Brauchen alte Menschen junge Menschen? Überlegungen zu den Entwicklungsaufgaben im hohen Lebensalter. In: L. Krappmann & A. Lepenies (Hrsg.), *Alt und Jung: Beziehungen und Probleme zwischen den Generationen*, 161–184. Frankfurt: Campus.

Mather, M. & Carstensen, L. L. (2005). Aging and motivated cognition: the positivity effect in attention and memory. *Trends in Cognitive Science* 9 (10), 496–502.

Matheson, D. H., Collins, C. L. & Kuehne, V. S. (2000). Older adults' multiple stereotypes of young adults. *International Journal of Aging and Human Development* 51, 245–257.

Mayer, A.-K. (2002). *Alt und Jung im Dialog. Wahrnehmungen intergenerationeller Gespräche in Familien*. Weinheim: Beltz-PVU.

Mayer, A.-K. (in Vorb.). *Der Einfluss von Großeltern-Enkel-Beziehungen auf das Altersbild und auf intergenerationelle Solidaritätsnormen junger Erwachsener* (Unveröffentlichtes Manuskript, Universität Trier).

Midlarsky, E. & Kahana, E. (1994). *Altruism in later life*. Thousand Oaks, CA: Sage.

Motel-Klingbiel, A. (2006). Materielle Lagen älterer Menschen: Verteilungen und Dynamiken in der zweiten Lebenshälfte. In: C. Tesch-Römer, H. Engstler & S. Wurm (Hrsg.), *Altwerden in Deutschland. Sozialer Wandel und individuelle Entwicklung in der zweiten Lebenshälfte*, 155–230. Wiesbaden: Verlag für Sozialwissenschaften.

Palmore, E. B. (1999). *Ageism: Negative and positive* (2. Aufl.). New York, NY: Springer.

Penner, L. A., Dovidio, J. F., Piliavin, J. A. & Schroeder, D. A. (2005). Prosocial behavior: multilevel perspectives. *Annual Review of Psychology* 56, 365–392.

Pettigrew, T. F. (1998). Intergroup contact theory. *Annual Review of Psychology* 49, 65–85.

Pillemer, K. & Lüscher, K. (Hg.), *Intergenerational ambivalences: New perspectives on parent-child relations in later life*. Amsterdam: JAI.

Pinquart, M. & Schönbrodt, S. (1997). Urteile von Senioren über Jugendliche: Gibt es ein „negatives Jugendstereotyp"? *Psychologie in Erziehung und Unterricht* 44, 197–203.

Ryan, E. B., Kennaley, D. E., Pratt, M. W. & Shumovich, M. A. (2000). Evaluations by staff, residents, and community seniors of patronizing speech in the nursing home: Impact of passive, assertive, or humorous responses. *Psychology and Aging* 15, 272–285.

Sanefuji, W., Ohgami, F. & Hashiya, K. (2006). Preferences for peers in infancy. *Infant Behavior and Development* 29, 584–593.

Schütze, Y. (1997). Generationenbeziehungen: Familie, Freunde, und Bekannte. In: L. Krappmann & A. Lepenies

(Hrsg.), Alt und Jung: Spannung und Solidarität zwischen den Generationen, 97–111. Frankfurt: Campus.

Silverstein, M., Conroy, S. J., Wang, H., Giarrusso, R. & Bengtson, V. L. (2002). Reciprocity in parent-child relations over the adult life course. *Journals of Gerontology: Series B: Psychological Sciences and Social Sciences* 57B, S3–S13.

Silverstein, M., Gans, D. & Yang, F. M. (2006). Intergenerational support to aging parents. The role of norms and needs. *Journal of Family Issues* 27, 1068–1084.

Szydlik, M. (1995). Die Enge der Beziehungen zwischen erwachsenen Kindern und ihren Eltern – und umgekehrt. *Zeitschrift für Soziologie* 24, 74–94.

Uhlenberg, P. & De Jong-Gierveld, J. (2004). Age-segregation in later life: An examination of personal networks. *Ageing and Society* 24, 5–28.

Ward, R. A., LaGory, M. & Sherman, S. R. (1985). Neighborhood and network age concentration: Does age homogeneity matter for older people? *Social Psychology Quarterly* 48, 138–149.

Winkeler, M., Filipp, S.-H. & Boll, T. (2000). Positivity in the aged's perceptions of intergenerational relationships: A "stake" or "leniency" effect? *International Journal of Behavioral Development* 24, 173–182.

Zu: Ursula M. Staudinger

Die Zukunft des Alter(n)s

Antonucci, T. (2001). Social relations: An examination of social networks, social support, and sense of control. In: J. E. Birren & K. W. Schaie (Hg.), *Handbook of the psychology of aging*, 427–453. San Diego, CA: Academic Press.

Baltes, P. B., Lindenberger, U. & Staudinger, U. M. (2006). Life-span theory in developmental psychology. In: R. M. Lerner (Hg.), *Handbook of child psychology*, 6. Aufl., Bd. 1: Theoretical models of human development, 1029–1143. New York: Wiley.

Baltes, M. M., Tesch-Römer, C. & Lang, F. (1997). Einsamkeit und Alter. In: D. Todt (Hg.), *Zur Natur sozialer Beziehungsgefüge*. Berlin: Parey.

Dykstra, P. A. (1993). The differential availability of relationships and the provision and effectiveness of support to older adults. *Journal of Social and Personal Relationships* 10, 355–370.

Gerling, V. & Conrad, H. (2002). *Wirtschaftskraft Alter in Japan: Handlungsfelder und Strategien. Unveröffentlichte Expertise im Auftrag des BMFSFJ*. Dortmund: Universität Dortmund.

Helmchen, H. & Reischies, F. M. (2005). Psychopathologie des Alter(n)s. In: S. H. Filipp & U. M. Staudinger (Hg.), *Entwicklungspsychologie des mittleren und höheren Erwachsenenalters* (Enzyklopädie der Psychologie. Entwicklungspsychologie, Bd. 6), 251–299. Göttingen: Hogrefe.

Kessler, E.-M. & Staudinger, U. M. (im Druck). Intergenerational potential: Effects of social interaction between older adults and adolescents. *Psychology and Aging.*

Kopelman, M. D. (1985). Rates of forgetting in Alzheimer-type dementia and Korsakoff's syndrome. *Neuropsychologia* 23, 623–638.

Kramer, A. F., Hahn, S., Cohen, N. J., Banich, M. T., McAuley, E., Harrison, C. R. et al. (1999). Aging, fitness and neurocognitive function. *Nature* 400, 418–419.

Kubeck, J. E., Delp, N. D., Haslett, T. K. & McDaniel, M. A. (1996). Does job-related training performance decline with age? *Psychology and Aging* 11, 92–107.

Lang, F., Staudinger, U. M. & Carstensen, L. L. (1998). Socioemotional selectivity in late life: How personality does (and does not) make a difference. *Journal of Gerontology: Psychological Sciences* 53B, 21–30.

Levy, B. (1996). Improving memory in old age through implicit self-stereotyping. *Journal of Personality and Social Psychology* H. 6, 1092–1107.

Levy, B. R., Slade, M. D., Kunkel, S. R. & Kasl, V. (2002). Longevity increased by positive self-perceptions of aging. *Journal of Personality and Social Psychology* 83, 261–278.

Lindenberger, U. & Kray, J. (2005). Kognitive Entwicklung. In: S. H. Filipp & U. M. Staudinger (Hg.), *Entwicklungspsychologie des mittleren und höheren Erwachsenenalters*, 300–341. Göttingen: Hogrefe.

Lipinska, B., Bäckman, L. & Herlitz, A. (1992). When Greta Garbo is easier to remember than Stefan Edberg: Influences of prior knowledge on recognition memory in Alzheimer's disease. *Psychology and Aging* 7, 214–220.

Maier, H. & Vaupel, J. W. (2003). Age Differences in Cultural Efficiency: Secular Trends in Longevity. In: U. M. Staudinger & U. Lindenberger (Hg.), *Understanding Human Development*, 59–78. Dordrecht: Kluwer Academic Publishers.

Mühlig-Versen, A. & Staudinger, U. M. (2007). *Ergebnisse einer quasiexperimentellen Längsschnittstudie zur Persönlichkeitsentwicklung im Erwachsenenalter und Alter* (Manuskript in Vorbereitung).

Schwarzer, R. & Leppin, A. (1992). Social support and mental health: A conceptual and empirical overview. In: L. Montada, S.-H. Filipp & M.-J. Lerner (Hg.), *Life crises and experiences of loss in adulthood*, 435–458. Hillsdale, NJ: Lawrence Erlbaum.

Staudinger, U. M. (1999). Older and wiser? Integrating results on the relationship between age and wisdom-related performance. *International Journal of Behavioral Development* 23/3, 641–664.

Staudinger, U. M. (2000). Viele Gründe sprechen dagegen und trotzdem fühlen viele Menschen sich wohl: Das Paradox des subjektiven Wohlbefindens. *Psychologische Rundschau* 51, 185–197.

Staudinger, U. M. (2005). Personality and Aging. In: M. Johnson, V. L. Bengtson, P. G. Coleman & T. Kirkwood (Hg.), *Handbook of Age and Ageing*. Cambridge, UK: Cambridge University Press.

Staudinger, U. M. & Baltes, P. B. (1996). Weisheit als Gegenstand psychologischer Forschung. *Psychologische Rundschau* 47, 57–77.

Staudinger, U. M., Freund, A. M., Linden, M. & Maas, I. (1996).

Selbst, Persönlichkeit und Lebensgestaltung im Alter: Psychologische Widerstandsfähigkeit und Vulnerabilität. In: K. U. Mayer & P. B. Baltes (Hg.), *Die Berliner Altersstudie*, 321–350. Berlin: Akademie Verlag.

Staudinger, U. M. & Schindler, I. (2002). Produktivität im Alter. In: R. Oerter & L. Montada (Hg.), *Entwicklungspsychologie* (5. Aufl.), 895–982. Weinheim: PVU.

Wagner, G., Motel, A., Spieß, K. & Wagner, M. (1996). Wirtschaftliche Lage und wirtschaftliches Handeln alter Menschen. In: K. U. Mayer & P. B. Baltes (Hg.), *Die Berliner Altersstudie*, 277–300. Berlin: Akademie Verlag.

Wentura, D. & Rothermund, K. (2005). Alterssterotype und Altersbilder. In: S. M. Filipp & U. M. Staudinger (Hg.), *Entwicklungspsychologie des mittleren und höheren Erwachsenenalters*, 626–654. Göttingen: Hogrefe.

Zu: Hans Bertram

Nachhaltige Familienpolitik für alle Generationen – Zeit, Infrastruktur und Geld

Bertram, Hans (1997): *Familien leben. Neue Wege zur flexiblen Gestaltung von Lebenszeit, Arbeitszeit und Familienzeit*, Gütersloh: Bertelsmann

Bundesministerium für Familie, Senioren, Frauen und Jugend, Hg. (2005): *Fünfter Altenbericht. Potenziale des Alters in der Wirtschaft und Gesellschaft. Der Beitrag älterer Menschen zum Zusammenhalt der Generationen*, Berlin: Bundesdrucksache

Bundesministerium für Familie, Senioren, Frauen und Jugend,

Hg. (2006): *Siebter Familienbericht. Familie zwischen Flexibilität und Verlässlichkeit. Perspektiven für eine lebenslaufbezogene Familienpolitik*, Berlin: Bundesdrucksache

Hochschild, Arlie Russell (1995): *The Culture of Politics: Traditional, Postmodern, Cold-Modern, and Warm-Modern Ideals of Care*, in: Social Politics: International Studies in Gender, State and Society 2 (3), 331–346

Livi-Bacci, Massimo (1999): *Europa und seine Menschen. Eine Bevölkerungsgeschichte*, München: Beck

Lüscher, Kurt (2005): *Ambivalenz. Eine Annäherung an das Problem der Generationen*, in: Ulrike Jureit und Michael Wildt (Hg.): *Generationen. Zur Relevanz eines wissenschaftlichen Grundbegriffs*, Hamburg: Hamburger Edition

Mitterauer, Michael (2003): *Warum Europa?*, München: Beck

OECD (2004). *Starting Strong. Länderbericht Deutschland 2004. Die Politik der frühkindlichen Betreuung, Bildung und Erziehung (FBBE) in der Bundesrepublik Deutschland*, Paris

Pfeil, Elisabeth (1961): *Die Berufstätigkeit von Müttern. Eine empirisch-soziologische Erhebung an 900 Müttern aus vollständigen Familien*, Tübingen: Mohr

Robert Bosch Stiftung, Hrsg. (2006): *Starke Familie: Bericht der Kommission „Familie und demographischer Wandel"* (von Kurt Biedenkopf, Hans Bertram, Margot Käßmann, Paul Kirchhof, Elisabeth Niejahr, Hans-Werner Sinn und Frans Willekens), Stuttgart: Robert Bosch Stiftung

Vaupel, James und Kristin G. v. Kristowski (2007): *Die Plastizität menschlicher Lebenserwartung und ihre Konsequenzen*, München: Beck

Die Autorinnen und Autoren

Prof. Dr. Hans Bertram, Professor für Mikrosoziologe an der Humboldt-Universität zu Berlin, war bis 2005 Vorsitzender der Siebenten Familienberichtskommission des Deutschen Bundestages und ist derzeit Mitglied der „Allianz für Familien" der Bertelsmann-Stiftung und des Bundesministeriums für Familie, Senioren, Frauen und Jugend sowie Mitglied der Arbeitsgruppe „Demographischer Wandel" beim Bundespräsidenten.

Gisela Erler, Sozialwissenschaftlerin, Geschäftsführerin des pme Familienservice GmbH, die Trägerin der Serviceagentur im Aktionsprogramm Mehrgenerationenhäuser ist.

Prof. Dr. Sigrun-Heide Filipp ist Professorin für Angewandte Entwicklungspsychologie und Gerontopsychologie im Fachbereich I – Psychologie – an der Universität Trier. Sie lehrt und forscht u. a. zu den Themen Altersstereotype und intergenerationelle Beziehungen.

Annemarie Gerzer-Sass, Sozialwissenschaftlerin, Leitung der Konzeption/Beratung der Serviceagentur im Aktionsprogramm Mehrgenerationenhäuser.

Dr. Konrad Hummel ist Sozialreferent der Stadt Augsburg und anerkannter Experte für Bürgerbeteiligung und freiwilliges Engagement, der sich intensiv auch mit Fragen der Stadtteilentwicklung und der Bürgergesellschaft befasst.

Prof. Dr. Gerald Hüther ist Neurobiologe und Hirnforscher; er leitet die Abteilung für neurobiologische Grundlagenforschung an der Psychiatrischen Klinik der Universität Göttingen und die Zentralstelle für neurobiologische Präventionsforschung der Universitäten Göttingen und Mannheim/Heidelberg.

Dr. Anne-Kathrin Mayer ist Wissenschaftliche Mitarbeiterin im Fachbereich I – Psychologie – an der Universität Trier. Sie lehrt und forscht u. a. zu den Th[illegible] stereotype und interge-
[illegible]

[illegible] login, ist Unterabtei-
[illegible] und Jugend – im Bun-
[illegible] uen und Jugend.

[illegible] of Psychology, Jacobs
[illegible] tional Development,
[illegible] itglied des Vorstands
[illegible] me einer alternden
[illegible] Bildung", die von
[illegible] hnikwissenschaften
[illegible]

Dr. Ursula von der Leyen ist Bundesministerin für Familie, Senioren, Frauen und Jugend. 2006 rief sie das Aktionsprogramm „Mehrgenerationenhaus" ins Leben.